사랑은 두려워하지 않습니다

―한명숙 · 박성준 젊은 날의 편지―

사랑은 두려워하지 않습니다

저자_ 한명숙·박성준

1판 1쇄 발행_ 2007. 8. 6
1판 6쇄 발행_ 2012. 2. 11

발행처_ 김영사
발행인_ 박은주

등록번호_ 제406-2003-036호
등록일자_ 1979. 5. 17.

경기도 파주시 교하읍 문발리 출판단지 515-1 우편번호 413-756
마케팅부 031)955-3100, 편집부 031)955-3250, 팩시밀리 031)955-3111

저작권자 ⓒ 2007 한명숙·박성준
이 책의 저작권은 저자에게 있습니다. 저자와 출판사의 허락 없이
내용의 일부를 인용하거나 발췌하는 것을 금합니다.

COPYRIGHT ⓒ 2007 by Han, Myeongsook & Park, Sungjoon
All rights reserved including the rights of reproduction
in whole or in part in any form. Printed in KOREA

값은 뒷표지에 있습니다.
ISBN 978-89-349-2634-4 03810

독자의견 전화_ 031)955-3200
홈페이지_ http://www.gimmyoung.com
이메일_ bestbook@gimmyoung.com

좋은 독자가 좋은 책을 만듭니다.
김영사는 독자 여러분의 의견에 항상 귀 기울이고 있습니다.

사랑은 두려워하지 않습니다

한명숙·박성준 젊은 날의 편지

한명숙·박성준 지음

김영사

이 서간집은 한명숙 전 총리와 그의 남편 박성준 교수가 주고받은 편지 중 일부를 엮은 것이다.

1968년, 28살의 청년 박성준은 '통혁당 사건'으로 구속 수감되어 15년형을 언도 받는다. 하지만 박성준은 통일혁명당 사건과 아무런 연관이 없었으며 단지 사건에 연루된 신영복 교수(박성준의 대학교 1년 선배였다)로부터 당시 금서였던 『마르크스의 자본론』 등을 빌려 읽고 또한 노트에 옮겨 후배들과 함께 읽었을 뿐이었다. 하지만 당시의 정권은 고문과 조작으로 죄 없는 청년을 15년 징역형에 처한다.

박성준의 수감 당시 그들은 미처 혼인신고도 마치지 못한 때였다. 새색시 한명숙과 박성준은 박성준이 1981년 12월 25일 크리스마스 특사로 석방되기까지 13년 반의 이별기간 동안에 500통이 넘는 편지를 주고받는다.

그들의 편지에는 사랑과 신앙, 가족애 그리고 삶에 대한 자세와

철학까지 온전히 드러나 있다. 그리고 고통과 희망을 나누며 서로
를 성숙시켜 가는 생의 반려자로서의 모습이 생생하고도 감동적으
로 그려져 있다.

　편지의 양이 방대하여 전문을 다 싣지 못하고 적절히 발췌하였음
을 밝혀둔다. 또한 당시의 말들이 현재의 맞춤법에 맞지 않는 경우
지금의 말로 고쳤다. 시간 순으로 묶었으며 독자의 이해를 돕기 위
해 이해가 어려운 부분은 각주를 달아 두었다.

김영사 편집부

시련과 고난을 함께 이겨낸 감동적인 사랑 이야기

한명숙 의원은 늘 환한 웃음을 우리에게 선사하는 분입니다. 그러나 한명숙 의원이 살아온 길을 조금만 들여다보면 어떻게 저토록 편안한 얼굴을 하고 있을까 의문이 들기도 합니다.

한명숙 의원은 결혼 6개월 만에 남편을 감옥에 보내야 했습니다. 한명숙 의원이 스물네 살 때의 일입니다. 남편 박성준 교수는 무려 13년이나 감옥에 있었습니다. 한명숙 의원은 남편을 옥바라지하면서 집안의 가장으로서 동생 5남매를 뒷바라지해야 했습니다. 그러는 가운데 한명숙 의원도 2년이나 감옥생활을 해야 했습니다.

박성준 한명숙 내외는 이 모든 시련 속에서도 결코 희망을 잃지 않았습니다. 언젠가는 자유가 들꽃처럼 만발하고 정의가 강물처럼 흐르며 통일에의 희망이 무지개처럼 피어나는 그런 시대가 올 것이라는 확신을 갖고 있었던 것입니다. 무엇보다 큰 힘은 서로에 대한 한없는 사랑과 믿음이었을 것입니다.

이 서간집은 박성준 한명숙 부부가 그 어려운 시절에 어떻게 희망을 잃지 않았는지를 잘 보여주고 있습니다. 저는 6년간의 감옥생활을 통해서 감옥에서의 생활이 얼마나 힘들고 어려운지 잘 알고 있습니다. 그 힘든 감옥생활에서 유일한 기쁨은 가족에게 편지를 쓰고, 가족들로부터 온 편지를 읽는 것이었습니다. 이 서간집은 박성준 한명숙 부부의 시련과 고난을 이겨낸 사랑의 이야기이자, 신념과 의지의 메시지입니다.

이 서간집에서 우리는 두 사람의 아름다운 사랑과 더불어 많은 교훈도 찾을 수 있습니다. 두 사람은 자신들에게 주어진 혹독한 환경 속에서도 운명을 탓하거나, 현실에 절망하지 않았습니다. 오히려 주어진 삶에 충실하며 감사하는 마음을 가졌습니다. 서로 의지하며 용기를 주었습니다.

또한 두 사람은 고난 속에서도 항상 자기 발전과 공부를 게을리하지 않았습니다. 다양한 분야의 독서와 사색을 통해서 지식을 쌓고, 서신을 주고받으면서 서로의 지적 성찰과 성숙을 격려하고 독려했습니다. 이러한 노력은 고난의 시간을 겪은 후에도 결코 중단되지 않았습니다. 한편으로는 공부에 열중하면서, 소외된 이웃의 삶을 개선하고 민주주의를 앞당기는 노력에 열정적으로 참여했습니다.

두 사람이 이 땅의 민주화를 위해 흘린 땀과 눈물은 이제 하나씩 결실을 맺어가고 있습니다. 지난 10년간 두 차례의 민주정부가 들어서고, 민주주의와 인권도 세계가 부러워할 만큼 신장됐습니다. 두 사람이 비록 많은 시련을 받아야 했지만 이러한 역사를 만드는 데 동참했다는 점에서 그들은 이미 성공한 삶을 살았다고 생각합니다.

한명숙 의원은 나의 권유로 정치에 입문했습니다. 국회의원으로 시작하여 초대 여성부장관의 역할을 훌륭하게 수행했습니다. 그리고 환경부장관을 거쳐 대한민국 최초의 여성 국무총리가 되어 차분하고 성공적으로 그 임무를 수행했습니다. 고난의 시절 쌓은 실력, 부드러운 포용력, 그 속에 간직한 강인한 정신이 밑거름이 되었다고 생각합니다.

이제 한명숙 의원은 오늘날 한국을 이끌어갈 당당한 정치지도자로 성장하고, 새로운 꿈을 향해 도전하고 있습니다. 박성준 교수는 시민사회운동의 든든한 버팀목으로 활발히 활동하고 있습니다.

우리는 지금 중차대한 시기를 맞고 있습니다. 지난 10년 동안 이룩한 민주주의 발전과 남북 화해협력의 성과를 바탕으로 대한민국과 이 민족의 평화를 반석 위에 올려놓아야 할 때입니다. 민주주의, 평화, 통일을 위해 헌신해온 박성준 한명숙 부부와 같은 분들이 이러한 역사를 만들어가는 대열에 참가하고 있습니다.

이 서간집에서처럼 두 부부가 항상 희망과 밝은 웃음을 잃지 않는 지도자가 되어, 국민의 사랑 속에 꿈을 키워나가길 바랍니다.

옥중편지에 붙이는 글

한명숙 전 총리가 그의 부군이 감옥살이 하는 동안 주고받은 편지를 출판하기 전에 대강 읽어볼 기회가 있었다. 70년대를 관통하고도 남는 동안이었다. 어떻게 이렇게 모질고 잔혹한 시대가 다 있었을까. 나도 나름대로 그 시절을 고뇌하며 힘겹게 넘겼으련만 두 분이 살아낸 게 기적처럼 여겨졌다. 단지 살아남았대서가 아니라 보통사람 같으면 죽지 못해 살았다고밖에 못할 시기를 아름답고 풍요롭게 살아낸데 대해서이다.

그건 아마도 서로의 부재不在와 물질적 결핍을 넘치게 채워준 극진한 사랑의 힘 때문이었을 것이다. 이런 사랑이 단지 남녀간, 부부간의 약속이나 신뢰만 가지고 가능했을까. 그들은 사랑을 핑계로 삐지거나 원망하거나 노여워하거나 무례하게 굴지 않았을 뿐 아니라, 그들이 의로운 길이라고 믿어온 것을 한 번도 가벼이 여기지도 않은 건, 바오로가 고린도 인에게 보낸 편지에서 아름답게 설한 사랑의 정의와 너무도 정확하게 일치한다. 강제로 헤어져 있는 동안도 그들의 사랑은 물론 인간성도 상처받지 않고 성장시킬 수 있었던 것은 신앙의 힘도 컸다고 짐작되는 것도 이 서간집을 읽는 기쁨이다.

그들의 편지가 책으로 나오기 전에 미리 한번 봐보지 않겠느냐는 출판사의 부탁을 가벼운 마음으로 받아들인 것은 한명숙을 오래전부터 잘 알고 지낸 것 같은 친밀감 때문이었는데 그건 사실과 다르다. 한 번인가 두 번, 여성민우회 사무실에서 그를 만난 적이 있다. 내가 문단에 나온 지 얼마 안 됐을 때이니, 아마도 70년대 중반이었을 것이다. 서간집을 읽으면서 고증한 바로는 그가 많이 힘들 때였을 텐데, 그때 나는 그에게서 아주 특별하게 좋은 인상을 받았다. 그때나 이때나 나는 과격할 정도로 일편단심 양성평등주의자이면서도 여성운동의 일선에 있는 분들에게는 불신감과 편견 같은 걸 갖고 있었다. 주장과 목소리가 너무 공격적이고 강한 게 오히려 미덥지 못했고, 저래서는 언행이 일치할 리 없지, 하는 편견까지 갖게 되었다.

돌아가신 강원룡 목사가 길러낸 크리스찬 아카데미 출신들은 그런 편견을 많이 씻어줄 만큼 훌륭했지만 그건 좀 훗날의 일이었다고 생각된다. 그때는 그냥 여성운동가로만 알고 그를 만났는데 한눈에 심지가 굳고 신념이 확고해 보이는데도 그걸 그만의 독특한 부드러움과 따뜻함으로 잘 감싸고 있어서 이 사람은 쉽게 꺾이지 않겠구나 하는 믿음이 갔다. 첫인상이 그렇게 좋아 나는 덩달아 여성민우회까지 좋아하게 되어 한 번인가 두 번 작고 소박한 민우회 사무실에서 회원들에게 강의까지 하게 되었다. 그것이 그와 나의 인연의 전부이고, 아주 오래전의 일이다.

　그럼에도 불구하고 그가 중요한 정치인이 되어 지상이나 화면을 통해 자주 접하게 될 때마다 딴 정치인 보는 것하고는 다른 마음으로 보게 된다. 잘됐다거나 축하하는 마음은 전혀 아니고, 내 첫인상이 배반당할까 봐 조금은 조마조마한 마음으로 바라봤는데 앞으론 더할 것 같다. 왜냐하면 두 분의 연애편지를 읽고 한명숙을 좋아하는 마음이 더 깊어졌기 때문이다.

결국 모든 것을 이겨낸, 그들의 온기와 부드러움

나는 지금도 그이를 어떤 호칭으로 불러야 하는지 망설여진다. 나는 그이가 공식적으로 '한명숙 장관'이라고 불릴 때 처음 만났고, 그 뒤 그이는 다시 '한명숙 의원'으로, 또 '한명숙 총리'로까지 불리게 되었지만, 이상하게도 나는 사적으로 그이를 만나면 그런 호칭으로 부르는 것이 마음에 조금 걸리곤 했다. 그런 직함이 그이에게 어울리지 않는다는 뜻이 아니다. 내가 만나는 그이는 언제나 그런 공식적인 직함을 넘어서는 더 크고 넓은 느낌, 말하자면 '인간'의 느낌으로 다가오는 것이다.

사실 그러그러한 공식적 직함을 가진 사람을 만나면서, 그 직함을 넘어서는 '인간'을 먼저 느끼기란 쉬운 일이 아니다. 그런데도 그이는 첫눈에 그것을 느끼게 한다. 단지 맑은 눈과 따뜻한 미소 때문만은 아닌, 은연중에 느껴지는 그이의 내면에 있는 어떤 힘이 그렇게 느끼도록 하는 것이다. 그것은 부드럽고 따뜻하지만, 또한 저항할 수 없도록 깊고도 넓은 힘이다. 결코 가식으로는 만들어질 수 없는, 육친에게서나 느낄 수 있는 친밀함과 자연스러움으로 다가오는 힘이다.

나는 한때 그이와 함께 공직의 일을 할 수 있었던 인연이 있었다. 처음으로 그런 직책을 맡은 내게 그이는 여러모로 본보기가 되었던 분이다. 환경부장관으로서 분명하고도 확고한 철학이 있었고, 그 철학을 정책으로 추진하고 실천하기 위한 놀라운 성실함과 설득력이 있었다. 그리고 그 설득력은 논리적 합리성을 넘어서는 어떤 힘, 그이가 상대에게 전달하는 진정성의 호소력에 있었다.

가까이서 만날 수 있었던 것은 비록 짧은 기간이었지만, 그이는 여러 번 나를 놀라게 했다. 지난 총선 때 그이는 지역구 출마를 권고 받았다. 그리 승산이 있어 보이지 않는 싸움에 나가기 위해서 장관직을 물러나야 했지만, 내가 곁에서 지켜본 그이는 그 결정을 내리는 데 채 5분도 걸리지 않았다. 이유는 "내가 필요하다면, 나가야 한다"는 것이었다. 나로서는 그 과단성이 부럽기도 했지만, 또한 그 순결한 용기가 대체 어디에서 온 것일까 궁금했었다.

그이의 지역구가 내가 사는 곳이라, 또 공교롭게도 그이가 같은 연립주택 단지로 이사를 오는 바람에 우리는 다시 동네이웃으로 만나게 되었고, 부군인 박성준 선생과도 인사를 나눌 수 있는 기회를 얻게 되었다. 아내와 내가 처음으로 두 분이 사는 32평 연립주택을 찾았을 때, '눈에 띄는 세간 하나 없는' 두 분의 검소함이 내 아내를 놀라게 했다. 그러나 내게 더 놀라운 것은 60대를 넘어선 부부의 서로에 대한 태도였다. 두 분은 마치 이제 막 혼인한 젊은이들처럼 사소한 대화 하나에도 서로에 대한 존중과 애정과 긴장을 놓치지 않고 있었다.

　이제 '인간' 한명숙의 그 내면의 힘이, 그리고 박성준 선생과의 정신적 결속이 어떻게 만들어지고 성숙해졌나를 조금은 짐작할 수 있는 기회를 얻게 되었다. 소문으로만 듣던, 박성준 선생이 옥중에 있을 때 두 분이 나누었던 편지들을 직접 책으로 읽게 된 것이다.

　혼인신고도 마치지 못한 남편을 형무소로 보내야 했던 스물네 살 새색시와, 단지 금지된 책 몇 권 읽었다는 이유로 15년 형을 살게 된 꿈 많은 젊은이에게 닥친 그 고통과 절망의 시간들을 고스란히 담고 있는 이 서간집은 군사정권에 의한 강압적인 이별의 기록이면서, 또한 인간 내면의 성장에 관한 기록이기도 하다. 어떤 사랑 이야기보다 감동적인 연애의 기록이면서, 또한 시대의 아픔에 대한 생생한 증언이기도 하다.

　그들은 멀고 험난한 그 길을 '한없는 좌절로 빠질 수 있는 환경, 견딜 수 없는 지루한 단순성, 늘 부딪힐 수 있는 패배감, 이보다 더 비참한 어휘로 표현해도 결코 과장이 아닌 여건 속에서 자기를 지킨 굳은 의지. 어려움과 좌절을 생산적이고 창조적인 삶으로 대치시킨 용기와 신앙심'으로 함께 걸었다. 몸은 강제로 떨어져 있었으나 정신과 영혼의 동반자로 출구가 보이지 않는 어둠 속을 한 걸음씩 힘들게 함께 나아갔다. 그들의 편지 속에도 비유하고 있듯이 단단하고 거대한 돌을 쪼아 마침내 어떤 형상을 만들어 내듯이, 어리석은 늙은이〔愚公〕가 산을 옮기듯이 하루하루를 이겨내고, 마침내 13년 반의 세월을 이겨냈다. 이 편지글들은 그 감동적인 기록이다. 인간의 삶을 규정하는 정치사회적 정황뿐만 아니라, 그것에 대응하는 인간의 내면을 함께 보여준다는 점에서 진정한 역사의 기록이라 할 만한다.

중요한 것은 그들의 편지에는 빛과 어둠이 공존하고, 차가움과 온기가 함께 있다는 점이다. 교도소 벽을 타고 흐르는 냉기 속에서도 스러지지 않는 희망과 신념이 사람의 체온과 같은 따스함으로 공존하고 있다. 그들에게 도덕성과 정의란 강철처럼 차갑고 단단한 것이 아니라, 일상의 자질구레한 것들에 대한 눈물겨운 감동, 어떤 고난조차도 자신의 것으로 받아들이는 겸허함에서 비롯된 것이었다. 그들의 그 온기와 부드러움이 결국 모든 것을 이겨내게 했다.

오늘을 사는 우리들에게도, 그래서 이 서간집은 소중한 삶의 교훈을 말해주고 있는 것이다. 역사와 정의, 가치와 진정성, 이런 말들에 의심과 무력감을 느끼고 있는 사람들에게 진심으로 이 서간집을 권하고 싶다.

짧은 신혼 뒤에 찾아온 긴 이별

한명숙이 박성준을 처음 만난 것은 대학 2학년 때, 한국대학생선 교회(CCC)에서였다. 그 후 두 사람은 이화여대와 서울대의 기독학 생 써클인 '경제복지회'에서 회장과 부회장이라는 관계로 자주 만 나게 되면서 점점 가까워졌다.

'경제복지회'는 성서를 공부하고 기도하면서 신앙의 힘을 바탕 으로 현실의 문제를 함께 고민하고 토론하는 순수하고 열정적인 젊 은이들의 모임이었다. 불문과 학생이었던 한명숙은 '경제복지회' 를 통해 비로소 시대와 현실의 아픔에 서서히 눈뜨기 시작했다.

박성준은 당시 서울 상대 캠퍼스가 있던 종암동 안암천변의 허름 한 오두막에 방 한 칸을 빌려 살고 있었다. 주말이면 그는 천변에 질펀히 늘어선 판잣집을 가가호호 방문하는 전도자이기도 했다. 한 명숙은 가끔 그를 만나러 갔다가 그와 함께 전도 방문을 하기도 했 는데, 집이라고 부르기도 민망한 천막조각과 판자로 간신히 비 가 림을 해놓은 가난한 사람들의 거처를 들여다보며 가슴 아리는 경험을 하곤 했다.

두 사람의 만남이 쌓여갈수록 한명숙은 자신을 끌어당기는 이상한 힘을 박성준에게서 느끼게 되었다. 대학 교복을 단정히 입은 클래식 음악광인 가난한 복학생 박성준이 좋았다. 그의 자취방 벽면을 빼곡 메운 책들과 어린 시절부터 다방면의 독서로 쌓아온 그의 해박한 지식, 세상사에 대한 뜨거운 관심과 열정은 그 자체만으로도 한명숙을 매료하는 힘이었다.

가슴 깊은 곳에 꽃망울 진 감정을 먼저 터트린 것은 한명숙이었다. 이화여대에서는 매년 5월에 개교기념 축제가 있었고, 그 축제의 하이라이트는 이른바 '쌍쌍파티'였다. 그 시절, 쌍쌍파티의 파트너였던 사람과 결혼한 숱한 선배들의 이야기를 알고 있는 이대생들에겐 그날 누구를 파트너로 하느냐는 중대한 관심사가 아닐 수 없었다. 한명숙은 용기를 내어 박성준에게 말했다.

"우리 학교에서 축제를 하는데, 오시지 않으시겠어요?"

그가 거절할까 봐 조마조마했다. "쌍쌍파티 말입니까? 불러주시면 가보지요." 의외로 그가 선선히 대답했다.

쌍쌍파티가 있는 축제의 마지막 날, 화려한 원피스를 입은 여학생들과 양복으로 맵시를 낸 청년들이 학교 정문으로 밀려들었다. 그녀도 분홍 포플린 원피스를 입고 교문에서 그를 기다렸다. 교복이나 잠바차림 외에 다른 옷을 입은 것은 본 적이 없었으므로 그날도 그가 의례 그런 복장으로 오겠거니 여겼다. "내가 늦은 건 아니지요?" 하며 한명숙의 앞에 불쑥 나타난 그는 그러나 놀랍게도 양복 차림에 빨간 넥타이를 매고 있었다. 친구의 옷을 빌려 입고 온 것이 분명했다. 자신을 초대해준 여자친구에게 성의를 다하고자 생전 처음 양복에 빨간 넥타이까지 하고 나타난 그때 그의 모습은 지금까지 한명숙의 머릿속에 한 장의 사진처럼 뚜렷이 남아있다.

축제가 끝나고 돌아가는 밤길, 박성준은 집까지 바래다준다며 한명숙의 옆에 바짝 다가섰다. 서울역을 지나고 용산을 지나고 한강 다리를 건너 노량진, 영등포까지 먼 길을 함께 걸었다.
"어렸을 때 학교에서 살았지요. 제가 학교 급사였거든요. 교무실 청소도 하고 선생님들 심부름도 하는 꼬마 급사말예요." 박성준은 한명숙에게 처음으로 그의 어린 시절 이야기며 살아온 내력을 들려주었다.

그는 1940년 경남 통영에서 5남매 중 셋째로 태어났다. 유아기는 부모의 일자리가 있는 삼천포에서 보냈다. 숙명여전 보육과를 나온 모친은 삼천포에서 유치원을 경영해 알 만한 사람은 다 아는 신여성이었다. 여운형을 흠모하는 독립운동가였던 부친은 일제강점기에 투옥되는 고초를 겪기도 했다. 1945년 해방이 되자 가족은 모두 서울로 이사했다. 아버지는 서울에서 물류회사에 취직했지만 생활은 빈곤했다. 해방정국의 다사다난했던 시절, 나라를 바로 세우는 일에 뜻을 두었던 부모님은 다섯 아이를 키우기가 힘겨우셨던지 초등학교 3학년이 된 9살 난 그와 바로 아래 동생을 친가가 있는 통영으로 내려 보냈다.
그가 초등학교 5학년 열한 살 되던 해에 벌어진 6·25는 그들 형제를 전쟁고아로 만들어버렸다. 두 형제를 돌봐주시던 할머니가 다른 손주들이 보고 싶다면서 서울로 올라간 사이, 할아버지마저 전쟁 통에 세상을 떠나셨다. 서울에 있는 다른 가족들의 소식도 끊겼다. 너나 할 것 없이 누구나 가난의 설움을 겪었던 6·25전쟁 직후의 세월에 두 형제가 걸어온 길은 미루어 짐작할 수 있는 가시밭길이었다.

"명숙 씨가 나를 쌍쌍파티의 파트너로 초대했을 때, 나는 한참이나 생각해 보았습니다. 하필이면 나처럼 외롭고 가난한 사람을…… 하고요." 그가 이야기에 열중하느라 의식 못하는 사이 한명숙은 눈물을 삼키고 있었다. 오히려 그러한 어려움을 겪으면서도 세상에 찌들지 않은 맑고 고운 눈을 가진 그가 더 자랑스럽고 대견했다.

가난이라면 한명숙에게도 낯선 것은 아니었다. 평양에서 당시로서는 최신식 기업인 종합 자동차 센터를 운영할 정도로 부유했던 부모님의 집안 역시 6·25전쟁으로 인해 영락하고 말았다. "한 달 뒤면 돌아올 수 있을 거야"라는 생각에 집문서와 패물을 큰 항아리에 넣어 마당 한구석을 파서 묻어두고 간단한 옷가지만 챙겨들고 집을 나섰던 부모님은 그 후로 두 번 다시 평양에 돌아가지 못했다.

서울로 내려온 뒤 그들의 삶은 여느 월남가족들의 것과 별반 다르지 않았다. 오히려 부잣집 아들로 태어나 일본유학을 하고 유복한 삶을 누려왔던 아버지에게는 피난살이가 남들보다 더욱 더 힘겨웠을 것이다. 그래도 멋진 테너 음색으로 오페라 아리아를 즐겨 부르는 아버지와 매사에 긍정적이고 유쾌한 성격의 어머니 덕분에 밝은 웃음소리가 떠날 새 없는 즐거운 집이었다. 한명숙의 어머니는 일제시대에 평양에서 간호전문학교를 나와 한때 간호사로 일하기도 했던 신여성이었다. 외할아버지는 총독부 면허증을 소지한 의사였는데 대체의학을 곁들인 독특한 치료법과 처방으로 널리 알려진 의사였다. 밥이 약이라며 가난한 사람들에게 음식을 나누어 주고 무료로 인술을 베풀어 외가집 안마당은 늘 환자들로 북적거렸다.

외롭게 자란 박성준은 여섯 남매가 의좋게 뒹구는 한명숙의 집을 좋아했다. 그는 한명숙의 부모님을 아버지 어머니라 불렀고, 어린 동생들을 친동생처럼 사랑했다.

그렇게 4년간을 사권 끝에 둘은 1967년 12월 23일 결혼식을 올렸다. 가난한 사람들에게 예수를 전하며 독신으로 살겠다는 남자를 결혼식장까지 끌어냈으니 한명숙의 승리였다. 박성준은 친구가 선물해준 새 맞춤 양복을 입었다. 한명숙의 아버지는 맏딸의 결혼을 위해 가수 못지않게 멋진 목소리로 축가를 불러 사람들을 놀라게 했다. 〈파라다이스〉라는 제목의 아리아였다.

경기도 소사에 있는 친구네 과수원 농가로 신혼여생을 간 그들이 첫날밤 제일 먼저 한 일은 세뱃돈 받은 어린애들 마냥 결혼식 축의금을 세는 일이었다. 축의금으로 전축을 하나 사기로 둘 사이에 이미 약속이 되어 있었던 것이다. 그들은 이문동에 단칸방을 얻어 신혼살림을 시작했다. 어머님이 손수 지어주신 이불 한 채와 작은 소반, 그릇 몇 개와 수저 두어 벌이 고작인 살림이었다. 그리고 그 방에 어울리지 않게 결혼식 축의금으로 산 커다란 호마이카 전축이 덩그렇게 놓여졌다.

　그들의 가난한 신혼집에는 '경제복지회' 사람들이 하루가 멀다 하고 찾아왔다. 신혼방이라기보다는 동아리방인 셈이었다. 이야기를 하거나 음악을 듣고 책을 빌려보기 위해, 혹은 통행금지 시간이 가까워 찾아든 친구나 후배들이었다.

　그런데 결혼 몇 달 후 이상한 조짐이 일었다. 경제복지회에 와서 강의를 했거나 가까이 지냈던 선배들이 하나 둘씩 어디론가 연행되어 가서 조사를 받았다. 신혼의 단꿈에 빠져있어야 할 시기인 1968년 7월 어느 날 박성준은 한밤중에 끌려갔다. 선배에게 빌려다 읽은 책들이 화근이 되어 통일혁명당 사건에 연루된 것이었다. 이것이 13년여에 걸친 긴 이별의 시작일 줄은 새댁 한명숙은 꿈에도 몰랐다.

차례

1장 결핍은 삶을 풍요롭게 합니다 · 27
(1970~1973년)

"온전한 사랑은 고난을 담을 수도, 슬픔을 담을 수도, 행복을 담을 수도 있는 폭넓은 그릇이어야 합니다. 이제 어두워졌어요. 커튼을 내려야겠어요. 우리는 친구, 이야기를 나누고 싶을 때 가장 그리워하는 친구예요."

"평범한 남정네들이 아내에게 주는 그런 수수한 선물을 나도 당신에게 주어보고 싶었소. 십자가와 '골고다'를 말하지 않고 우리의 결혼을 축하할 수 있는 언어를 나는 소유하고 싶었소."

2장 둘째 마누라, 당신은 천천히 오소 · 89
(1974~1975년)

"며칠 전 한 선배언니의 얘기를 들었는데 남편과 함께 새벽 3시까지 얘기를
했다는군요. 그 얘기를 들었을 때 왜 그렇게 부럽던지. 누구는 집을 고칠 때
나 못을 박을 때 남편 생각이 난다지만 저는 그럴 때 당신이 아쉬워 본 적은
없습니다. 다만 밤새도록 마주 앉아 얘기할 남편이 필요할 뿐이지요. 남편
가막소에 두고 심통증에 걸린 한 마누라쟁이 올림."

"그대 편지에 쓰기를 남편과 새벽 3시까지 깨가 쏟아지게 얘기를 나눴다는
어느 선배언니의 말을 듣고, 부럽기도 하고 샘도 나서 부리나케 백 리 길을
달려 올 예정이라는 심통쟁이 마누라의 편지 받고, 가막소쟁이 남편은 이발
하고 면도하고 '로숑' 몇 방울 얻어 찍어 바르고 있는 폼 없는 폼 다 잡으면
서, 쿵덕 방아 찍는 가슴 진정시키며 하루 죙일을 기다렸것다." 

"당신이 그려 보내주신 고흐의 그림을 액자에 넣어 벽에 걸었습니다. 갈색 틀에 미색 바탕의 종이를 배색하니 마치 어느 유명화가의 그림 같았습니다. 초라한 방이 환해졌습니다."

"지금 내 책갈피에는 어제 개울가에서 따온 솔방울 한 개와 제비꽃 두 송이, 민들레 잎사귀 하나가 들어 있습니다. 언젠가 봄이 오는 날 당신과 함께 들에 나가서 이런 풀잎과 작은 꽃들이 핀 땅 위에 앉아 웃으며 얘기하는 꿈을 꿉니다."

"요즘 산책길에 만나는 나무와 풀들을 보면서 많은 것을 배우고 느낍니다. 풀들은 잡초가 싫으니까 개나리가 되었으면 하고 자기를 학대하거나 다른 삶을 부러워하지 않으며 모두 자기 스스로에 만족하고 있다는 것입니다. 잎이 떨어질 것을 생각해서 미리 슬퍼하지 않고 자연의 순리에 따라 돋아나고, 피고, 지고, 그래서 모두 자족하고 있습니다."

"변소에서 즐겨보는 나의 실버들은 이제 새싹을 틔울 채비를 하나 봅니다. 밋밋하게 맥을 놓고 있던 가지가 올망졸망 움을 달고 작은 미풍에도 어깨 짓을 합니다. 긴 겨울을 이기고 '우리 여기 이렇게 견디어 냈느니!' 하는 생명들의 자기주장을 대할 때 나는 눈시울이 뜨거워집니다."

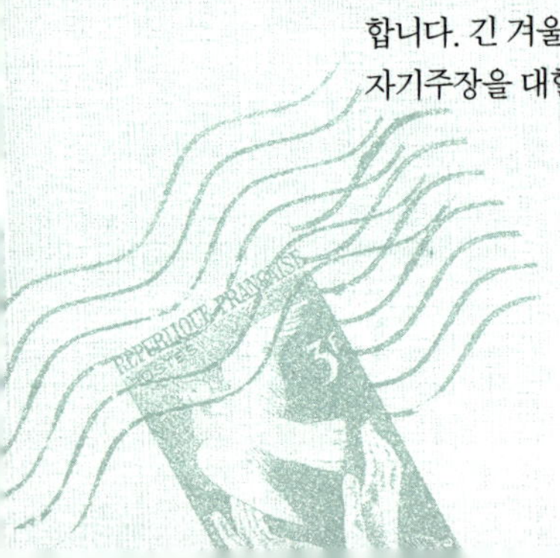

"내일 추석에는 밥이 설어 콩이 설컹하게 씹히거나 떡밥이 되어 찐득찐득 입천장에 들어붙지 않는 포실포실한 밥이 나오기를 바라며 따뜻한 미역국이라도 드실 수 있는 날이 되기를 바랍니다. 당신이 외로울 때, 당신이 제 곁에 오고 싶을 때 저 역시 그렇습니다. 당신의 그 그리움과 외로움은 혼자만의 것이 아니라는 것을 잊지 마세요."

"겨울 하나 넘으면 봄이 기다리고 우리가 만날 날도 멀리 있지 않으니 오직 예수 그리스도 안에서 정갈하게 삽시다. 어머니가 당신과 나에게 똑같은 색깔, 똑같은 실로 털 스웨터 짜주신 것을 입을 때마다 우리가 엄마 품에 함께, 역사 안에 함께 있음을 느낍니다."

결핍은 삶을 풍요롭게 합니다
(1970~1973년)

"온전한 사랑은 고난을 담을 수도, 슬픔을 담을 수도, 행복을 담을 수도 있는 폭넓은 그릇이어야 합니다. 이제 어두워졌어요. 커튼을 내려야겠어요. 우리는 친구, 이야기를 나누고 싶을 때 가장 그리워하는 친구예요."

"평범한 남정네들이 아내에게 주는 그런 수수한 선물을 나도 당신에게 주어보고 싶었소. 십자가와 '골고다'를 말하지 않고 우리의 결혼을 축하할 수 있는 언어를 나는 소유하고 싶었소."

스물넷에 과부 아닌 과부가 되어버린 한명숙. 처음에 한명숙은 남편이 곧 석방되리라 믿었다. 책 몇 권 빌려 읽었다 해서 그토록 오랜 시간을 감옥에서 보내야 한다는 것은 꿈에도 생각지 못한 순진한 새댁이었다. 정치범에 미결수 신분이라 편지를 쓸 수 없었던 박성준은 15년 형을 확정 받고 대전교도소로 이감되었다. 박성준의 면회는 구속된 지 1년이 지나서야 가능했고, 그가 편지를 쓰는 것 또한 1970년부터 허락되었지만 이 시기 그의 편지는 분실되어 애석하게도 남아있지 않다. 그의 편지는 1971년부터 등장하기 시작한다.

1970년 1월 4일

누가 겨울을 아름답고 낭만적인 계절이라 했나요? 차갑게 몰아치는 바람은 마치 날카로운 스케이트 칼날이 내 손바닥 위를 달리는 것 같은 아픔을 줍니다. 우리에게 역시 겨울이란 계절은 없는 게 낫다고 열 번, 백 번 뇌까려도 소용이 없습니다. 오늘은 영하 14도, 내일은 17도랍니다. 큰일이 아닐 수 없군요. 그래도 대전은 서울보다 좀 남쪽이니 영점 몇 도라도 기온이 높아주었으면 하는 바람 이외에는 별 도리가 없습니다.*

우리들의 1년을 꿀꺽 삼켜버린 1969년을 보내는 마지막 날, 나는 이곳 한적한 연희 언덕에서 다시는 돌아오지 않을 순간들과 헤어졌지요. 돌아오는 길에 언덕 위의 작은 문방구에 들렀어요. 새해를 기록할 갖가지 노트를 사기 위해서였지요. 넓은 이마엔 쪼글쪼글 주름살이, 호물딱 입가엔 소녀 같은 미소를 띤 할머니가 주인이었어요. 저는 가장 두껍고 겉장이 튼튼한 초록색 비닐 노트를 골랐어요.

할머니는 그것을 정성껏 종이에 싸주시면서 "색신 참 얌전해서 좋은 데로 시집가겠수" 하시더군요. 그래서 저는 속으로 '그렇지 않아도 저는 벌써 좋은 데로 시집갔는 걸요. 저는 썩 훌륭한 남편을 가졌고 그리고 또 행복하니까요. 할머니 정말 관상을 잘 보시는데' 하고는 씩 웃었습니다.

---

*당시 박성준이 수감되어 있던 대전교도소의 재소자 감방에는 추운 겨울에도 난방 시설이 전혀 없었다. 마룻바닥에는 짚 가마니를 깔고, 커다란 옥창은 비닐로 가려주는 게 난방의 전부였다. 실내 온도는 밖의 온도와 3도 정도밖에 차이 나지 않았다. 박성준은 교도소에는 긴 겨울과 긴 여름, 두 개의 계절밖에 없다고 회고했다.

1971년 2월 16일

조금 전까지 산책을 했습니다. 우산을 쓰고 천천히 길을 걸었습니다. 당신이 옆에 서 계시다고 느꼈어요. 조금도 춥다는 느낌도 없었고 무섭지도 않았습니다. 촉촉이 내리는 비가 땅을 적시고 물기 머금은 풀과 흙 향기가 피어오릅니다.

지난 옛날, 어느 비오는 날이었지요. 남산을 걸을 때 우리를 둘러싸고 있던 그 향기와 흡사했어요. 하마터면 당신이 옆에 있다 착각할 뻔했습니다. 여보, 당신도 가끔 이런 생각하시는지요? 옛날 생각을 하는 것은 참 즐거운 일이예요. 지금 생활이 고통스러워서가 아니라 앞으로의 생이 희망차기 때문에 지난 일들이 더욱 보배로운 것 같습니다.

당신께 편지를 쓰기 전에 깨끗이 목욕을 했습니다. 당신도 저에게 편지를 쓰실 때면 가끔 목욕을 하신다지요. 오랜만에 제가 그리

✽ 한명숙이 동생과 함께 찍은 사진을 보내자 박성준은 그 옆에 자신의 사진을 오려붙여 세 사람이 함께 있는 모습을 만들어 간직했다. 박성준의 사진은 당시 감옥에서 교도관의 옷을 빌려입고 찍은 것이다(1970년).

던 조용한 시간을 갖게 되어 마음이 여간 기쁘지 않습니다. 이 좋은 시간을 철저히 아끼고 사랑해야겠어요.

1971년 6월 8일

보고 싶은 아내에게,

날씨가 더워졌소. 당신의 옷차림도 변했겠구려. 그 모습이 보고 싶소. 단풍나무 잎사귀는 푸른색을 더해가고 있겠지요? 창으로 상체를 내어 밀고 단풍잎을 따는, 그러다가 살짝 제가 있는 남쪽을 바라보는 당신을 보는 듯합니다.

짬짬이 전해준 소식 때문에 당신의 그리움을 조금씩은 식힐 수 있었소.

내 생활주변 어디에서나 당신의 눈동자와 부딪힙니다. 책을 펴도 당신, 호주머니 속에도 당신, 남몰래 꺼내 보는 사진도 당신 모습. 당신은 나를 잡고 놓아주지 않는군요. 색실로 영롱히 당신에게 나를 엮어 버렸나보오.

여보, 이번 달에 지출이 컸지요? 깜짝 놀랐소. 비싼 책을 받아들

고 눈물이 났소. 가슴이 마구 뛰더군. 한 페이지 한 구절에 당신의
노고, 당신의 사랑과 헌신이 스며있는 듯하여 감격하며 읽고 또 읽
었소.*

*박성준은 감옥에서 왕성한 독서를 했다. 책을 공급하는 일은 아내 한명숙의 몫이었다.

1971년 6월 25일

오늘이 벌써 25일이군요. 날짜가 빨리 지나가면 아쉬움도 많지만, 우리 같은 월급쟁이에게는 그래도 오늘이 즐거운 날입니다. 직장생활*을 해보니 월급날을 기다리는 재미가 그럴 듯해요. 자기가 타는 지폐의 장수에 따라 모두 다른 인생이 설계되는데, 많으면 좋겠지만 적으면 또 적은 대로 삶에 필요한 것들을 꾸리면서 하루하루 감사하며 살아가지요.

어제는 원철이**가 휴가를 끝내고 귀대하는 날이어서 데리고 다니며 호강을 시켰습니다. 맛있는 것도 사주고 구경도 시켜주었지요. 이제 앞으로 1년만 있으면 제대입니다.

그러니 당신이 저에게 너무 부담을 느낄 필요는 없어요. 물론 돈을 버는 입장이므로 돈 있는 언니, 돈 있는 누나, 딸, 친구의 역할을 해야 하기 때문에 피곤할 때가 없는 것은 아니지만 그게 다 세상사

는 재미가 아니겠어요. 더구나 당신은 저의 하나밖에 없는 귀한 남
편인데, 이런 뒷바라지가 힘들 리가 없지요.

<hr>

*남편을 감옥에 보낸 뒤 홀로 남은 한명숙은 강원룡 목사의 배려로 경동교회 사무실에 출근
하고 있었다.
**당시 교대를 다니다 군에 입대한, 한명숙의 바로 아래 동생.

1971년 8월 1일

굽이치는 계곡을 따라 무주 삼백칠십 리. 어김없이 구천九千을 헤아리는 봉우리마다에 짙푸른 수목으로 들어찬 산중. 주름 잡힌 산등성이마다 짙은 안개가 깔리어 그 모습이 마치 선녀의 치맛자락과 같구려.

어젯밤 어둠과 더불어 찾아온 곳은 첩첩산중 한가로운 촌가의 구석진 골방! 음메~ 어미 찾는 송아지의 부름에 메~ 하고 답하는 어미 소의 정다운 대답. 글쎄 뒷간에 가봤더니 한구석에서 웬 "꿀꿀" 소리가 나 겁에 질려 엉거주춤 돌아다보니 시꺼먼 돼지 한 마리가 의젓하게 누워있는 이야기.

뒤뜰에 여장을 풀고 슬쩍 얼굴을 내민 달을 벗 삼아 우리들의 오밀조밀한 솜씨로 첫 끼니를 끓여 별빛을 바라보며 첫술을 드니 그 맛은 아, 진미구려!

✽ 한명숙이 경동교회 동료들과 무주구천동에 놀러가 보낸 편지.

바야흐로 오늘은 8월 1일. 지금부터 우리는 여장을 꾸려 새달의 첫날을 산으로 향하여 몸과 마음을 좀 더 튼튼히 하려 하오. 오늘 점심은 흐르는 찬물에 발을 담그고 라면을 먹으면서 푸른 하늘을 바라보며 잠시나마 댁을 잊고자 하오.

짓궂은 동생들의 꼬임에 빠져 이 글을 쓰니 용서하소서. 기대하시라, 속편.

1971년 8월 11일

잘 갔다는 편지를 받은 다음에 이 편지를 쓰려고 했던 것이, 오늘까지 당신에게서 아무런 소식이 없기에 "왜 그럴까? 혹시 독감이라도 걸린 것일까?" 하는 태산 같은 걱정을 안고 지금에야 펜을 드오.

당신이 시골에서 보낸 편진 잘 받았소. 잉크도 채 마르지 않은 듯한 개구쟁이 편지. 선녀들이 노니는 심산유곡이 담긴 동양화(?)* 한 폭을 호주머니 속에 잘 간직하고는 종종 꺼내 보오. 재미있소. "기대하시라, 속편"이라고 하고선 이렇게 나를 걱정시키는 것이 원망스러울 뿐. 무슨 이유가 있을 테지. 속히 사연을 알고 싶소.

바람이 부는 걸 보니 더위도 물러가려나 보오. 당신의 건강이 올 가을에는 더 좋아지고 마음도 몸 따라 건강해지기를 비오.

---

* 한명숙이 편지 말미에 볼펜으로 쓱쓱 그려 보낸 무주구천 그림을 동양화라 표현하였다.

1971년 10월 2일

가을은 이미 짙어가고 추석은 바로 내일. 줄지어 귀향하는 무리들 속에서 나도 내 가족을 찾아가고 싶은 마음에 정신을 차릴 수가 없습니다. 무엇엔가 바빠야 될 오늘인데 오전을 멍하니 보내고 나서 생각해 낸 것이 바로 이 편지쓰기입니다.

당신께 편지 쓰는 일마저 생각해내지 못했다면 하루 종일을 정신 나간 사람마냥 공상만 하고 있었을 겁니다.

그 곳에 계신 분들도 쓸쓸하겠군요. 우리나라에서 가장 큰 명절날인데 당신들께도 좀 즐거운 날이 되었으면 하는 생각이 간절합니다. 아내이면서도 남편에게 좋은 명절날 손수 만든 음식을 드릴 수 없는 처지가 안타깝습니다.

1971년 10월 27일

여보!

찬비가 내리는 추운 밤입니다. 불행한 사람들의 잠자리가 더욱 쓸쓸한 계절이 왔나 봅니다. 나는 지금 잠들 수가 없습니다. 당신에게 글을 쓰려고 엎드려 있는 지금 내 심장은 거세게 뛰고 있습니다. 읽고 또 읽고, 저를 정복해 버린 당신의 글이 이 방 안에 가득히 숨 쉬고 있기 때문입니다.

나는 당신의 글을 읽고 부끄러워져서 내 생활을 근본적으로 반성해 보지 않을 수 없습니다. 창공에 빛나는 별을 땄다 한들 당신을 얻은 만족에 비할 수 있을까요?

얼마 후에 있게 될 가족 좌담회는 우리 두 사람에게는 뜻깊은 자리가 되겠군요. 예쁜 옷을 입고 사뿐사뿐 와 주세요. 알뜰히 준비했다가 가슴 가득히 "희망의 말"을 담아 드릴게요.

1971년 11월 23일

우레 같은 천둥이 진동을 하더니 억수 같은 비가 쏟아집니다. 길게 숨 쉬던 가을의 호흡이 끊어지나 봅니다. 겨울 코트가 등장했고 머플러도 하나 둘 눈에 뜨입니다. 그러나 제가 있는 사무실은 언제나 따뜻한 곳이어서 옷을 갈아입을 필요가 없습니다.

그곳에서는 언제나 솜옷을 입게 될까요? 엊그제 가 보았을 때 실내가 햇볕이 쪼이는 바깥보다 더 추운 것 같던데 당신들의 홑옷은 너무 얇아 보이더군요. 적어도 다음 번 만날 때는 솜옷을 입고 계시겠지요. 같이 계시는 모든 분이 다 편안하겠지요? 당신의 처도 잘 있다고 안부를 전해 주세요.

요즈음 그곳 분위기는 꽤 명랑할 거라고 짐작되네요. 온 가족이 함께 모여 손을 잡고 음식을 나누며 무려 백 분 동안이나 이야기를 나눌 수 있었으니까요. 재미있는 얘기꽃이 두고두고 일주일은 안가겠습니까. 생각만 해도 흐뭇한 시간이었지요.

　"네 마누라 눈썹은 팔八자더구나. 네 딸은 여장부야. 자네 어머니
는 인자해 보이더군. 음식 솜씨가 좋던데. 저 녀석 애인은 치마가 억
수로 짧더라. 속치만지, 겉치만지 쯔쯔……."

　재밌지 않으세요? 부러운데요. 당신도 한몫 끼어 터놓고 웃어도
보고, 헛소리도 내뱉어 보시지 그랬어요. 누누이 말해왔지만 당신
이란 사람은 참 보기 드문 사람이에요. 그 성실함과 강한 의지, 뜨
거운 정. 흔히 찾을 수 없는 타입의 남자거든요.
　한 사람의 남편으로서가 아니고 관계없는 남자로 볼 때도 훌륭하
고 멋진 남자인 것 같아요. 그러면서도 아주 평범하게, 극히 낮게
처신하므로 모든 사람에게 친구가 될 수 있는 사람이에요.

1971년 12월 6일

흰 눈이 내렸소. 소년처럼 가슴이 두근거리오. 갑자기 당신이 그리워집니다. 날씨가 추워질수록 자꾸만 과거로 돌아가는 자신을 발견하오. 우리에게 자유라는 것이 한 줌이라도 있었던 시절로 말이오.

오늘은 바깥 구경을 하였소. 40여 명이 버스를 타고 신탄진까지 갔다 왔소. 어젯밤 제법 눈이 내렸기에 눈 덮인 산하를 기대했는데 그게 아니었소. 길가에 걸어가는 여인의 뒷모습에서 당신을 떠올려 보기도 하고 고속버스 정류장에서, 높다란 쇠문까지 이르는 길모퉁이 모퉁이에서, 가슴 뭉클하게 당신의 외로운 발걸음을 느끼기도 하였소.

바깥은 역시 허전한 바람이 불고 있었소. 내일을 향하여 준비하는 당신과 나의 알찬 방 안 같은 분위기는 찾을 수 없었소. 인간에

* 1971년, 박성준이 지인의 재판에 증인으로 참석하기 위해 서울에 왔다가 한명숙과 함께 찍은, 당시의 유일한 가족사진. 그때 박성준은 손에 수갑을 차고 있었는데, 대동했던 교도관이 외투를 빌려주고 목에는 수건을 둘러 수의를 가려주었다.

게 '결핍'이란 것이 얼마나 우리의 생활을 풍부하게 하는가를 실감하면서 장차 당신과 함께 있을 때 현재의 결핍에서 해방되면서도 풍부한 생활을 계속하는 연구를 해야겠다고 생각하였소.

1971년 12월 28일

당신 잘 갔소? 감기 들지 않았소? 당신 편지가 내일쯤 올 것 같은 예감이지만, 나도 한 해가 저물기 전에 당신에게 선물 하나 주고 싶어서 이 편지를 쓰오. 아무것도 가진 게 없으니 조금 길게 쓴 편지로 선물을 대신하려 하오.

우리의 결혼기념일인 23일, 24일 이브, 25일 크리스마스 등 그리운 날들을 맞고 보내면서 당신을 더 많이 사랑하고 있소. 당신과 결합된 날을 기념하여 나는 생활상의 자질구레한 결함, 약점, 타성들을 철저하게 털어버릴 수 있었소.

우리는 금년 네 번째 결혼기념일을 맞았지만 한 번도 그 날을 함께 지내지 못하였소. 섭섭하다면 섭섭한 일이오. 그러나 우리는 그 세월을 결코 헛되이 보내지 않았소. 당신은 사방에서 탐낼 정도로 능력 있는 여성으로 성장하였고 나는 이 안에서 사무 능력, 글쓰기,

힘든 노동일 등에서 능력을 길렀소. 그뿐이 아니요. 당신은 건강해졌고 나도 건강을 되찾았소.

천 원짜리 외투 깃 속에 턱을 묻으면서 싱싱한 미소를 보내던 천진무구한 당신의 모습이 아른거린다오. 바로 그날 "이 여자가 나를 사랑하고 있구나" 하고 생각하였소. 여자가 그런 미소를 보이는 것은 사랑하고 있을 때라고 나는 어디선가 읽은 적이 있소. 나 또한 당신에게 반해 있는 모양이오. 우리 두 사람의 인생은 제법 괜찮은 것이 될 것 같은 생각이 드오.

1972년 5월 17일

붉게 물든 둥근 해가 서산에 걸려 아스라이 넘어갑니다. 매일 이 시간이 되면 지는 해를 구경하기 위해 언덕에 오릅니다. 노을이 질 때 온 하늘에 퍼지는 저 짙은 주홍빛을 저는 좋아합니다. 내일 다시 솟아오를 것을 약속하면서 뜨거움을 안은 채 져 가는 붉은 해를 좋아합니다.

아침에 떠오르는 희망에 찬 환한 햇살보다는 정열과 서글픔이 담긴 지는 해가 더 좋습니다. 환한 햇빛은 감당하기가 거북하지만 노을과 비와 눈 그리고 바람은 친한 벗처럼 느껴집니다.

요새는 늘 밤에 일이 있어서 늦게 자게 돼요. 그래도 부지런해지고 싶어서 아침 6시 반에는 꼭 정구를 치러 간답니다. 나이가 나이인지라 이젠 얼굴도 눈에 띠게 주름이 지고 체격도 아줌마 타입으로 변해가는 걸 막을 길이 없군요.

공부는 열심히 하고 있습니다. 아직 같은 책을 보고 있는데 그동안 제가 어렴풋이 알았던 많은 지식을 구체적으로 정확하게 알아가기 때문에 얼마나 재미있는지 몰라요. 빨리 26일이 왔으면 좋겠군요. 손꼽아 기다릴게요. 모든 분께 제 안부를 부탁드립니다.

1972년 5월 28일

그리운 아내여!

어제는 춘계체육대회 날이었소. 운동장에 벌어지는 갖가지 구경 거리들을 보느라, 당신을 기다리느라 온종일 나무의자에 얹힌 궁둥 이가 달싹거렸소. 오후 3시쯤엔 먹구름에서 사나운 빗줄기가 쏟아 져 당신 만나려고 입은 새 옷을 망쳤소. 오늘은 감기 기운이 있소.

창살 밖 하늘은 미처 떼지 못한 만국기 사이로 눈부시게 푸르오. 그리운 사람이 더욱 아쉬워지는, 그래서 당신이 "샘이 난다"고 표 현한 그런 날이오. 지금쯤 면회가 늦어진다는 당신 편지가 오고 있 을 듯하오. 늦어도 6월 2일에는 당신과 마주 앉을 수 있겠지요. 그 래서 이 편지는 짧은 면회 시간에 못다 할 이야기를 적어 만남의 시 간을 조금이라도 연장하고 싶어서 쓰는 것이라오.

당신의 생활은 편지에 잘 나타나오. 잠 못 잘 정도의 고된 직장생활이 동생들의 학비로 변하고, 여덟 식구의 식량으로 변하여 그들의 생명으로 바뀐다는 사실에 머리가 숙여지오. 나는 앞으로 조금이라도 당신의 부담을 덜 방법을 여러모로 연구하고 있소. 서신담당님께 부탁해서 편지를 좀 자주하는 대신 면회를 줄이는 방법도 생각하고 있소.

주름살 따위엔 신경 쓰지 말기로 나에게 약속해 주지 않겠소. 능력이 성장하고 자기의 능력이 사회 속에 발휘되어 열매가 맺힐 때 그것이 참다운 행복이 아니겠소?

1972년 7월 27일

저 놈의 개구락지 배때기가 왜 저리 할딱거리는고 하니 칠월 복더위가 지긋지긋하다는 심산이겠다. 더우면 너만 덥냐? 내 나이 삼십인데 이런 더위 처음이다.

숨통이 탁탁, 땀이 줄줄, 손발이 퉁퉁 붓는구나. 희소식이다. 태풍 리타호가 왔단다. 그 놈이 뭔가는 모르지만 좌우지간 바람이 부니 좋기는 좋구나. 어이 이 바람아 말 좀 물어보자. 네가 온 데는 어드메냐? 대전*이란 곳은 들러서 왔느냐?

안 들러 왔거들랑 지금 당장 되돌아가 우리 님 흘린 땀 말끔히 냉큼 씻어주고 오너라.

오냐 좋다. 어서 가라. 시원하면 같이 시원, 더우면 함께 덥고 이래 같이, 저래 같이, 똑 같이 누려야지. 나만 살고 남 죽으면 이게 어디 세상사냐?

이제 일자리 결정을 지었는데 남은 집안 일이 복잡하야 해골이 지끈지끈하오.

며칠 후면 가까운 곳에 방 하나 얻어 이사를 갈 듯하니 곧 편지 하나 그 주소로 띄우고, 그 다음부턴 다른 주소로 해야 할 겁니다. 세상 이치가 되어먹기를 마음가짐으로 모든 것이 변한다 하였거늘 이 몸이 무슨 통뼈라고 마음보를 잘못 써서 하 그리 근심일꼬?

제기럴 신세타령 주절댔구나. 신세타령 하다 보니, 이리저리 생각해도 내 팔자가 상팔자라!

행복을 만드는 인생의 철학자요. 웃을 줄을 모르나 울 줄을 모르나, 좋은 낭군 있겠다. 부모형제 있겠다. 하! 요리 생각, 조리 생각 곰곰 자세히 생각혀도 내 팔자가 상팔자여! 참으면 복이 온다, 이 말 어이 거짓이겠소. 그저 참으면 싱거우니 웃으면서 참읍시다. 커다랗고 단단한 복주머니 옆에 차고 우리 함께 만듭시다. 주머니 가득 채울 복덩어리 덩어리!**

---

*남편이 있는 대전교도소를 말함.
**고등학교와 대학 시절 연극을 했던 한명숙이 판소리 장단에 맞춰 장난스럽게 쓴 편지.

이 숨 막히는 더위 속에서 직장일과 집안 문제로 포위되어 있을 당신에게 위문편지를 보내는 심정으로 펜을 드오. 내가 자유의 몸이라면, 귀한 당신을 그러한 곤경 속에 혼자 둘 리가 없는데, 생각하면 가슴이 끓어올라 34도의 무더위를 잊소.

귀한 숙, 당신이 편지에 썼던 것처럼 결코 손해 보지 않는 '인생 수업'일 수 있습니다. 잘 이깁시다.

일어* 진도는 잘 나가오? 배우는 학생들은 잘 따라 오는지? 너무 과로하면 식욕을 잃기 쉽습니다. 건강의 비결은 충분한 수면과 휴식, 알맞은 운동과 영양섭취라고 하지요. 한 더위가 물러갈 때까지는 공부에도 너무 욕심 내지 말도록 합시다.

직장을 금년 말까지 현상대로 하겠다는 결정은 현명하였소. 안정된 직장을 꼭 붙잡을 필요는 커요. 언젠가는 바쁜 생활 속으로 진입

해야겠지만 타이밍을 잘 겨눕시다. 당신과 같은 좋은 아내를 둔 기쁨을 요즘 더 자주 느낍니다.

<hr>

*경동교회 사무직에서 이대기숙사 사감으로 직장을 옮긴 한명숙은 학생들에게 일어를 가르치는 아르바이트도 하고 있었다.

1972년 8월 8일

그렇지 않아도 편지가 없다고 은근히 속을 태우던 참이었는데 정신없는 엄마로부터 어제 저녁에야 세 통의 편지를 한꺼번에 전해받는 형편이 되었습니다. 하기야 집안 식구 모두가 집 구하랴* 돈 구하랴 한창 야단을 떨고, 게다가 저는 캠프에 가고 눈병까지 앓다 보니 그럴 수도 있겠다는 생각이 들어 웃고 말았습니다.

어제처럼 하루 온종일 비가 오면 이사가 곤란하겠다고 생각했는데 다행히 아침나절에 맑아있어서 무사히 이사를 끝냈답니다. 돈 구하기가 쉽지 않아 동생들이 만족할 만큼 깨끗하게 꾸리지 못한 채 이사를 했습니다. 여러 가지 비용이 많이 들어 8,9월 생활비에 위협을 받고 있기 때문에 계획을 잘 짜 되도록 지출을 줄이고 있습니다.

마침 오늘 원철이에게서 편지가 왔는데 제대는 9월 중순께랍니다. 이사를 한다는 게 그 애에게도 충격적인 것인가 봅니다. 그러나 제법 꼬마들**의 열등의식을 걱정하면서 젊은 우리가 있으니까 걱정할 것 없다고 대단한 격려 편지를 보내왔습니다. 학교문제*** 의논하고 싶다는 말도 있었습니다. 제가 잘 답장을 쓰겠습니다.

---

* 아버지의 빚보증으로 집안이 급격히 기울어 싼 전셋집을 전전했다.
** 꼬마들은 어린 동생들을 뜻함.
*** 교대를 다니던 남동생이 제대를 앞두고 일반대 편입을 고려했지만 집안 형편이 뒷받침해 주지 못했다.

1972년 9월 12일

소슬한 바람이 몸에 감기는 가을입니다. 뜬구름이 지나가고 난후에 새파랗게 보이는 높은 하늘이 아름답습니다. 조용한 오후입니다. 어제 산《창작과 비평》가을호를 읽고 있습니다. 아마 오늘 저녁까지면 다 읽을 수 있겠죠.

요즘 제가 하는 언어실습실* 이용은 퍽 도움이 되고 있어요. 영어와 불어 두 가지인데 아직은 영어가 더 익숙한 편이지요. 말씀 안하셔도 영어회화는 필수적인 게 아닐까 생각해요. 다음번 갈 때는 불어 소설책을 하나 가지고 가겠어요.

끊임없이 자기를 채찍질하면서 진리가 무언가를 찾아야겠어요. 성실히 생활하기 위해서는 위선적인 나의 탈을 벗겨버리고 있는 그대로의 속에서 솔직히 새 출발을 해야 할까 봅니다. 게으르고 무능하고 체면으로 둘러싸인 나의 머릿속을 부수고 새로이 호흡을 해야겠어요.

　하루에 한 번씩 자기 전에 나의 생활을 반성하고 내일을 다짐합니다. 우리의 사랑을 확인하면서 요즘 저의 생활을 그리고 저의 마음을 전해드립니다.

---

*이대 기숙사감으로 있을 당시 외국어 공부를 위해 학교 안의 언어실습실을 이용.

1972년 9월 23일

여보, 담 하나 사이에 두고 가슴과 가슴 맞닿은 날, 비를 맞으며 서있는 의지意志, 눈동자의 빛, 숨결까지 나는 지켜보았소. 당신과 나와 우리들의 존재存在 그 상황狀況을 너무나 생생하게 확인確認하는 귀한 명절이었소. 무서울 정도로 당신을 사랑하오. 보고 싶소. 아프지 않은 당신을 어서 만나고 싶소. 그렇지만 10월까지 기다립시다. 참는 것도 공부가 됩니다. 편지나 자주 주시오.*

---

*추석 전날 면회를 신청했지만 허락되지 않아 그냥 발길을 돌려야 했던 아내를 위로하는 편지.

1972년 9월 28일

지금은 밤 1시, 창가 저 멀리 흐르는 달빛을 맞으며 사연을 띄워 봅니다. 그제도 어제도 밀린 잠 탓에 조금 눈이 충혈되어 있었지만 편안한 마음으로 책상에 앉았습니다. 되도록 자세히 써서 조금이라도 당신의 걱정을 덜어 드리고 싶어서입니다.

원래는 추석날 갈 형편도 못되었고 그럴 계획도 아니었는데 추석 전날 집에 들렀을 때 당신에게서 온 편지를 보고 용기를 얻어 그야말로 즉흥 여행의 길을 떠났죠. 달맞이 놀이 행사를 남겨둔 채, 약간은 불안한 마음으로 새벽같이 출발했어요. 잘하면 2시 정도에 서울에 돌아올 수 있겠다는 생각으로 열심히 달렸습니다.

거기에 도착한 시간은 9시 반이었는데 정문 앞에 쳐져있는 낯선 바리케이드가 나를 긴장하게 만들었어요. 쉽게는 만날 수 없으리라는 불안감을 가지고 이곳저곳 문의를 해 본 결과 점심시간 이후

에는 만날 수 있다는 허락을 받고는 늦더라도 기다리자고 마음먹
었지요.

하지만 2시까지 돌아갈 수 있다는 계산이 어그러지자 마음이 초
조해지고 감당해야 할 뒷일들이 줄곧 마음을 어지럽혔습니다. 제가
지휘하게 되어있는 그날의 저녁행사가 부담스러워 기다리는 내내
불편한 마음을 숨길 수 없었습니다.

하지만 서울에서 여기까지 님을 보러왔는데 쉽게 포기를 할 수야
있겠어요. 아슬아슬하게 될 뻔하다 끝내 무산되어버린 우리의 만남
을 못내 아쉬워하며 조금만 더, 조금만 더 하던 것이 5시가 되어버
리더군요.

천천히 걸어서 대전시내로 들어가 우유를 한 잔 마시기도 하고
쓸쓸한 당신 집 주위를 서성거리기도 한 참이었어요. 이제 더 이상
제게 시간이 없었기 때문에 만날 수 없다는 것을 알고 폐를 끼친 분
들께 깍듯이 인사를 하고는 뒤로 돌아섰습니다. 골목을 돌아서는데
와락 눈물이 쏟아지면서 저절로 흐느낌이 일더군요. 걸음을 멈추고
휴지를 꺼내 두 볼에 흘러내리는 눈물을 닦았습니다. 왜 눈물이 났
는지는 저도 잘 모르겠어요. 아마 몹시 피곤한 탓이었나 봐요. 지친
몸을 버스에 떠맡겨 버렸습니다.

오후 7시 반쯤 되어서 난리가 났을 거라고 각오하고 사무실로 들
어섰지요. 모두들 의아한 듯 웬일이냐고 다그쳐 묻더군요. 사정이
있었다고 얼버무려 놓고 바지와 스웨터로 옷을 갈아입었어요. 말끔
히 세수를 하고 준비에 바쁜 학생들을 도와 일을 했습니다. 초조했
던 마음이 가시니 다시 기운이 났고 햇과일과 따끈따끈한 송편 그
리고 기타와 노래가 있는 화기애애한 분위기에 무거웠던 마음이 스

르르 녹아버렸어요.

밤이슬에 촉촉이 젖은 넓은 잔디위에서 신문지를 깔고 둥글게 모여 앉아 달맞이 놀이를 했답니다. 구름 사이로 내민 환한 달빛에 모두 가벼운 탄성을 지르며 일제히 높이 뜬 달을 쳐다보았습니다. 이 예쁜 아가씨들이 무슨 소원을 빌었을까요? 그중 숙이라는 아내는 달을 향해 말했습니다.

"달아, 달아 숙이로 인해 아파할 준이의 마음을 좀 위로해 주려마. 숙이는 이렇게 즐겁게 뛰어놀고 있다고 전해 주려마."

숙이라는 아내는 그의 남편이 튼튼히 살아주기를 두 손 모아 빌었습니다.

1972년 10월 3일

당신, 제가 언성을 높여서 싸움을 하는 장면을 생각해 보신 일이
있으세요? 잘 상상이 안 가겠지요? 쌈질을 한바탕하고 났더니 손
발이 후들후들 떨리는 게 아직 마음이 가라앉지 않는군요.

엄마가 무심히 말 한 마디 잘못해서 집세를 몽땅 날릴 뻔한 사건
인데, 파출소까지 출두해서 한바탕했으니 볼만했죠. 결국 잘 해결
됐지만 날강도 같은 세상에 새삼 놀랐습니다. 이 세상에는 맞지 않
는 어수룩한 엄마, 눈 뜨고 코 베어갈 사람들. 이렇게 무서운 세상
이 오고 말았어요. 가난만큼 비참한 것이 없어요.

요즘 목사님은 설교 중에 "예수는 항상 가난하고 억눌린 사람을
구원하고 그편에 서셨다. 우리 크리스천의 자세가 바로 그것이다"
라는 말씀을 잘하십니다. 그런 설교를 들을 때마다 나는 어느 편에
설까를 고민 안 해도 되는 명백한 입장인 것 같아요. 내 생활이 바

로 그것이고 우리가 그렇게 살고 있기 때문이죠. 가난한 사람의 대변자인 예수 그리스도의 정신이 더욱 실감나는 것 같습니다.*

---

*아버지의 빚보증으로 살던 집을 날리고 어렵게 이사를 하지만 이사한 주인과 계약서 작성 문제로 보증금을 날릴 뻔한다. 결국 이로 인해 또 다시 세를 얻어 나가야만 했다.

1972년 10월 27일

편지가 늦었소, 여러 가지 이유 때문에. 찬 방에 혼자 있는 생활은 아기자기한 맛은 없어도 엄숙하고 깊이 있는 사색과 더불어 영혼을 따뜻하게 붙잡아 주는 깊이를 지녔지요. 나는 그런 시간을 누려 보고파 곧잘 밤중에 잠깨어 있다오.

나는 새벽에 변소엘 자주 가오. 내 큰 몸이 운신하기엔 좁은 곳이지만 그 곳은 나의 천국이오. 거기에서는 작은 창을 통하여 밤을 내다볼 수가 있소. 검은 수목 사이로 은은히 번지는 새벽! 간헐적인 개 짖음, 비둘기의 숨소리, 산 너머 어둠을 사르고 있는 이륙준비 완료된 이글이글 끓는 태양. 어둠을, 내 가족과 내 아내의 수고를, 그들의 피 흘리는 상처를, 나는 변소의 작은 창을 통해 오래오래 지켜보오.*

---

*감옥 안에서 독방 징벌을 받고 나와서 쓴 편지. 검열로 인해 당시의 상황을 자세히 말하지 못하고 제한된 언어로 심경을 전하고 있다.

1972년 11월 5일

책상 앞에 앉아 있노라면 그 앞쪽에 놓인 창문으로 벌써 잎을 다 빼앗긴 나무들이 서 있는 산등성이가 보입니다. 한밤중이면 살쾡이가 와서 방정맞게 울어 대기도 하는 인적 드문 곳이지요. 또 고개를 옆으로 돌리면 아주 대조적인 광경이 보입니다.

손을 뻗으면 닿을 만한 곳에 지금 무색하게 붉게 물든 단풍과 노란 은행잎의 조화는 가을의 극치입니다. 가지만 남은 겨울과 고운 잎의 가을, 두 계절의 중간에서 저는 인생을 다듬고 있답니다. 내가 있는 이곳이 당신이 밤을 지키고 새벽을 지켜보는 작은 변소보다 얼마나 호사스러운 곳인지 송구스러울 때가 있습니다.

5시가 되기 전에 어둠이 깔리는군요. 음산한 이 저녁에 잿빛 하늘과 가을의 낭만을 읊고 있는 동안에도 슬픔과 고통에 통곡하는 나의 이웃들이 있겠지요. 부슬부슬 내리는 가을비 소리에 젖어있는 동안에도 굶주림에 울부짖는 내 이웃이 있겠지요. 온전한 사랑은 고난을 담을 수도, 슬픔을 담을 수도, 행복을 담을 수도 있는 폭넓은 그릇이어야 합니다.

이제 어두워졌어요. 커튼을 내려야겠어요. 저녁이 되니 공기가 점점 차가와지는군요. 이불 속에 발을 넣고 편한 자세로 책을 봐야겠어요. 우리는 친구, 이야기를 나누고 싶을 때 가장 그리워하는 친구예요.

1972년 12월 19일

어제 난롯불을 갈다가 서신계 데스크에 당신 편지가 놓여 있기에 졸라대서는 그 편지를 보고 나서 지금 이 편지를 씁니다.

며칠 전, 함박눈이 천지를 덮어 내리던 날 당신이 몹시 보고 싶어 드디어는 사내답지 못하게 울적한 심사가 되어 휘갈겨 쓴 편지를 조금 전 구겨 활활 타는 난로 속에 던져버렸소. 그날은 교회당에 가득 모인 까까숭이 푸른 옷 입은 사람들 속에 파묻혀서 오전과 오후 두 번 영사기를 돌렸소. 숱한 세월을 외진 울타리 속에서만 살아온 이들의 체취에 동화되어가는 자신을 의식하면서 좀처럼 나는 화면에 열중되지가 않았소.

며칠 전부터 밤마다 불태우던 가슴의 소원이 내 모든 의식을 사로잡고 있소. 그것은 다섯 번째 결혼기념일을 맞이하는 여인에게 아름다운 선물을 주고 싶은 너무나도 강렬한 소원이오. 평범한 남정네들이 아내에게 주는 그런 수수한 선물을 나도 당신에게 주어보고 싶었소. 십자가와 '골고다'를 말하지 않고 우리의 결혼을 축하할 수 있는 언어를 나는 소유하고 싶었소.

그러나 우리가 너무나 잘 알고 있듯, 그런 쉬운 말은 없소. 이웃의 행복을 위해 봉사하는 것이 사람 사는 참 길임을 이미 알아버린 우리들. 그리고 두 번째, 세 번째 기회가 있다 해도 선택은 처음과 같은 당신과 나이기에, 우리들의 날을 축복하는 우리들의 방법은 단 하나 밖에 없습니다. 우리들은 큰 사랑에 우리의 결혼생활을 투자했음을 기뻐하는 것뿐!

그리고 우리들의 우정이 있지요. 보고 싶지만 안 보아도 좋고, 안 만나도 늘 만나고 있는 사이. 당신과 나는 어느 틈에 가장 정다운 벗이 되었구려.

1973년 1월 31일

우리의 생활이 하나의 철학이라고 생각될 때가 많아요. 우리의 신념과 하나의 말과 행동이 인류가 발전하는 역사의 한 점으로라도 남는다면 우리가 걸머진 비극을 감당할 용기를 가져야 될 거라고 생각합니다.

당신이 사랑하는 아내에게 부담스러워서 차마 말할 수 없는 마음과 생각들을 당신의 아내는 이미 모두 생각해왔고 지금도 생각하고 있다는 점을 아셔야 돼요. 그것이 소름끼치도록 비참한 일일지라도 말입니다. 당신 표정이 몹시 쓸쓸하고 고독해 보였어요.

저도 그럴 때가 있어요. 결국, 우린 혼자이니까요. 다만 친한 친구이니까, 서로를 쓰다듬어주고 싶고, 안아주고 싶고 그래서 서로에게 위로를 받고 사는 것 아니겠어요?

꼭 당신과 나 사이에서 뿐만 아니라 다른 누구와도 소통할 수 있는 그런 경지에 갈 수 있어야겠지요. 인간이라면 누구나 다 간절한 마음으로 사랑할 수 있는 그런 상태지요. 저는 당신께 드린 로댕의 그림책 중에서 소개된 〈명상La pensée〉*이라는 작품 속에 나타나는 여인의 미소가 좋아요. 곱고 맑고 슬픔을 안은 눈. 누구에게나 사랑을 받을 수 있고 또 누구에게나 줄 수도 있는 그런 여인, 닮고 싶어요.

---

*로댕의 애인 카미유 클로델을 모델로 한 조각상.

1973년 3월 7일

어제 생텍쥐페리의 『인간의 대지』를 읽었습니다. 『어린왕자』에서 보여 준 작가의 '인간성'은 추상적이었습니다. 비행사가 마지막에 그려준 빈 상자의 그림을 보고 "어머! 귀여운 양이 잠들었네" 하고 말하는 어린왕자는 어찌나 귀여운지! 그 귀여운 아기들의 세계가 파괴되지 않도록 하기 위해선 당신과 내가 로댕 조각의 여인 같은 표정과 눈을 가지고 있어야 할까요?

언젠가 당신은 원아와 원상이*의 세대에 불행을 물려주지 않아야겠다고 말한 적이 있었어요. 그러자면 우리는 어른의 사고방식과 어른다운 세계관을 가져야 할 것입니다. 솔직히 말하면 나는 로댕 작품 속 여인의 눈보다 당신의 눈이 더 아름답습니다. 당신의 눈이 훨씬 현실적인 고난 속에 살고 있는 사람의 눈이기 때문입니다.

어린왕자는 성장하여야 하고 꽃과 양에 대한 관심에서 세계의 고난으로 관심을 바꾸어야 할 것입니다.

요즘 당신 편지는 여러 모로 나에게 자극과 격려를 줍니다. 뭐랄까, 강한 자아의식을 갖게 된 독립적인 여성과 부딪히는 느낌입니다. 갓 서른이 되자 이제까지의 축적된 지식이 한꺼번에 만개한 아름다움이라고나 할까요.

성숙해가는 당신을 보며 나는 조금 초조해진다는 것이 솔직한 고백입니다. 동일한 환경 속에서 반복되는 생활이 나의 발전을 한계 짓는 것이 아닌가 생각합니다. 화분 속에 뿌리박힌 채 분갈이가 필요한 식물의 한계와 같이.

그래서 나는 이 생활 속에서 얻을 수 있는 자양분을 한 방울도 남김없이 섭취하려고 고통苦痛을 쉬지 않습니다. 귀찮음과 권태를 느낄 때마다 내가 부지런히 걸어가고 있음을 믿고 있을 당신을 의식하면서 걸음을 멈추지 않습니다. 『인간의 대지』에 나오는 '기요메' 처럼.

많이 자극해 주십시오!

---

* 당시 초등학교에 다니던, 한명숙의 다섯 여섯째 동생.

1973년 3월 21일

여느 때와 똑같은 오늘 하루가 저에게 무던히도 많은 변화를 안겨주었습니다. 결론부터 말씀드리자면 낙방*입니다. 좋지 않은 결과라는 거지요. 주변 모든 사람들이 그렇게 생각했듯이 저 역시 어느 정도 확신이 있었는데 결과가 상상 외라 큰 충격이었어요.

성경책에 보면 이런 이야기가 있지요. 빌라도가 죄 없는 예수를 정죄할 수는 없고 그러자니 제 자리가 위태해 그를 군중에게 넘기고 물에 손을 씻는 장면 말이에요. 얼마나 철저한 책임회피인가요. 요새는 빌라도와 꼭 같은 사람이 더 많은 것 같습니다. 오로지 자기의 하잘 것 없는 자리를 지키기 위해 함정을 만들고 사람을 정죄하고 하는…….

꼭 함정에 빠져든 느낌입니다. 아까 말씀드렸듯이 오늘의 일로 저의 마음속에는 변화가 일고 있어요. 보통 때 애기 해 온 새로운 각오니 하는 따위가 아닌 나의 삶 저 밑바닥에 깔린 기본적인 자세. 무엇을 위해 살아야 한다는 목적이 뚜렷해지는 것을 어쩔 수가 없습니다. 이 깊은 저항감이 무엇과 부딪혀야 하는가가 분명해졌습니다. 말을 표현하기가 이렇게 힘든 게 유감이군요. 단 몇 마디면 될 수 있는 말을 이렇게 구차하게 늘어놓다니!

갑자기 보고 싶어요. 그리고 얘기하고 싶고 매달리고 싶어요. 아무도 나의 슬픔과 나의 희열을 알 사람이 없어요.

오늘 머리가 뻐개지도록 당신 생각만 했습니다.

---

* 교사자격증 시험을 보았으나 신원조회에서 남편이 정치범이라는 이유로 낙방한 것을 말함.

1973년 4월 18일

어젯밤은 공부를 전폐하고 당신에 대해 생각하는 시간을 가졌소. 빨리 만나고 싶소. 여비가 준비되면 빨리 다녀가도록 하오.

여보! 나도 가끔 울적해지는 순간이 있다오. 그럴 때는 필사적으로 당신을 생각합니다. 그처럼 어려운 조건 속에서도 잘 이겨내고 있는 당신을 생각하면 나도 지금의 고통을 이겨 낼 힘이 솟아오릅니다.

때로는 자신의 나약함에 대하여, 인격의 미숙함에 대하여 비관한 나머지 우울증에 빠질 때가 있습니다. 그때에는 스스로를 과신하여 남을 멸시하는 오만한 자리에 앉지 않게 된 것에 감사합니다. 또한 인간의 궁극적 구원이 예수 그리스도에 있음을 확인함으로써 용기를 얻고 나약해지려는 자신을 떨치고 일어나게 됩니다.

사랑하는 당신. 우리는 약한 것 같지만 강합니다. 현재의 조건에 안주하려 할 때는 불안해지고 나약해지지만 현재를 부정하고 생의 목표인 그리스도를 향해 자신을 내어 던지기로 결심하는 순간부터 우리는 강자가 됩니다. "나를 위해 어떠한 생활 조건이 필요한가?"가 아니라 "그리스도가 나에게 요구하는 것이 무엇인가?"라고 자문해 보십시오.

고통의 밑바닥까지 들어가서 모든 것을 잃어버린 조건에서 예수 그리스도의 의미를 생각해 보는 것은 퍽 유익한 것입니다.

막연한 걱정과 불안과 우울증에 지배당하는 것이 아니라 우리의 삶을 스스로 지배해야 할 것입니다.

1973년 5월 2일

아침 공부를 위해 도서관으로 가는 잔디밭 사이의 조붓한 오솔길에는 아름드리나무들이 서 있습니다. 저는 아침마다 신선한 공기를 마시며 이 길을 지나다니곤 합니다. 늘 거닐다보니 정이 들고, 때마침 들려오는 아침방송 음악은 한결 마음을 새롭게 해주곤 하지요.

오늘 아침은 특히 빗방울에 젖어 유난히 반짝이는 풀잎들이 더 예뻐 보였어요. 폭풍우가 물러간 뒤가 아니면 느낄 수 없는 평온하고 밝고 깨끗한 아침이었지요. 그런데 난데없이 오솔길을 떡하니 가로막고 있는 것이 있었는데 풍채 좋았던 단풍나무 한 그루가 쓰러져 있지 않겠어요. 어제 불었던 비바람 때문이 틀림없어요. 그야말로 무서운 폭풍우였으니까요.

그래도 그렇지, 이렇게 크고 훌륭했던 나무가 쓰러지다니. 유심히 살펴보았어요. 웬 걸! 나무속이 온통 썩어 있네요. 겉보기에는 저토록 훌륭한 나무가 속이 썩어 있다니. 다른 나무들은 건재한데 이 나무만 쓰러진 이유는 뭘까? 그러니까 아무리 겉보기에 훌륭해도 속이 썩은 나무는 바람이 불 때는 쓰러진다는 결론이군요.

이름 모를 작은 들꽃도 거센 바람에 아랑곳없이 새 아침에 반짝 예쁜 꽃을 피웠는데.

공부를 끝마치고 지나오면서 보니까 썩어 추한 모습을 드러낸 나무뿌리에 까치 한 마리가 앉아 벌레들을 파먹고 있었어요. 훗날 내 모습이 바로 이 나무와 같이 되면 어쩌나 하는 생각이 들더군요. 오싹 정신 드는 순간이었습니다.

1973년 7년 5일

당신 편지 화요일에 모두 받았습니다. 돈도 잘 받았습니다. 편지는 한 구절 한 구절 침으로 급소를 찌르듯 나를 격려해 주었습니다. 당신과 더불어 사는 길이 고난으로 점철되어 있다 해도 행복한 길임을 확인하였습니다.

당신 월급에서 쪼개 보낸 그 돈으로 과일즙(통조림)을 다섯 개나 사서 최후의 만찬에서 예수님이 받으신 포도주처럼 친구들과 함께 마셨습니다. 우리는 당신의 땀방울과 고난의 피를 삼키면서 당신과 함께 고난을 같이 할 것과 성실하게 살 것을 다짐했습니다.

지금 이 순간 열심히 일하고 있는 당신 모습이 눈에 선합니다. 일을 만나면 오히려 대담해지고 침착성을 발휘하는 당신의 능력을 잘 알기 때문에 아무 걱정이 없습니다. 만나는 날까지 건강과 위생을

잘 돌보며 매사에 남편으로서 벗으로서 부끄럽지 않게 살 것이니, 그 점에 대해서는 당신은 확신을 가져도 좋습니다.

1973년 9월 15일

저절로 눈이 떠져서 일어나 보니 당신에게 편지 쓰기에 안성 맞춤의 시간. 사람들은 자고 있겠다, 사위는 적막한 중에 정신은 말똥말똥. 어제 예쁜 당신의 건강한 모습을 보았던 기쁨이 아직 가슴에 훈훈히 남아 있소.

이사다, 명절이다, 동생들 월사금이다 하여 얼마나 애가 탔소? 괴롭단 내색 않고 척척 해결해 내는 당신이 요술쟁이 같구려. 아버지가 건강하신 것 같아 마음 놓소. 우리 가족이 한 자리에 다시 모일 때까지 모두들 건강해 주셨으면 좀 좋겠소. 겨울 난방 다시 주의 드리오. 젖은 신문지 같은 걸 아궁이에 지펴서 연기가 새는 곳이 없나 확인해 보았소? 안 했으면 즉시 하시오.

1973년 11월 4일

벌써 11월입니다. 두 달 후면 1973년도 훌쩍 지나가버린 해가 되겠군요. 제 방 달력은 그동안 무관심하게 두었더니 아직 9월 그대로 걸려 있었어요. 방금 두 장을 떼고 보니 바로 뒤에 눈 덮인 산이 있는 그림만 없어지면 이 해도 마지막이구나 싶더군요.

이번 가을은 유난히 가을 냄새를 풍기는 것 같아요. 그동안 날씨가 고르지 못해서 잘 느끼지 못했던 가을 풍경이 이제는 제법 그럴싸한 모습을 드러내고 있습니다. 요즘이 절정이에요. 훌륭한 가을 정원에 둘러싸여서 멋있는 하루하루를 보내고 있어요.

근무시간에도 틈만 나면 밖으로 뛰쳐나와 한 바퀴 빙그르 돌고 들어오곤 합니다. 얼마 전에는 너무 좋아서 떨어진 단풍잎 위에 앉아 사진을 찍었어요. 찾으면 보내드릴게요.

토요일인 어제 오랜만에 집엘 갔습니다. 당신이 주신 편지 중 하나를 원아가 낭독했어요. 연탄가스 예방에 만전을 기할 거예요. 이 번에 어쩌면 가족좌담회가 있을 거라고요? 그랬으면 좋겠어요. 그러면 기다렸다가 그때 면회하기로 하죠.

오늘 《창작과 비평》 가을호를 읽었어요. 그리고 지난번 그만 두었던 공부를 계속하고 있어요. 좌담회 때 먹고 싶은 것 주문해 주세요. 저는 잘 있는데 당신의 마음과 몸이 편안했으면 좋겠어요. 곧 만날 수 있기를 바라요. 건강에 주의하세요.

1973년 12월 27일

세모에 숙에게,

떨어져 산 지 여섯 해. 삶이 심심해지기는커녕 호두알 씹듯 하고, 당신의 키는 무럭무럭 자라 저보다 커질 듯 커질 듯하고, 보이는 것은 희망뿐! 다가오는 내일은 모두 우리들 차지!

예쁜 카드를 모두 받았소. 책도, 약도 받았소. 당신이 지금 얼마나 바쁘게 돌아가는지 알만하오. 같은 사람에게 카드를 두 장씩 보냈으니 오죽이나 분주했으면 그랬겠소.

당신에게 안 지려고 준이도 기를 쓴다오. 주로 하는 것은 영어책 읽기와 역사공부. 나가면 당신이랑 합자하여 어학강습소나 하나 차릴까?

꼬마들 책* 받았는지? 모두 8권(세계명작 동화전집 다섯 권과 소년소녀위인전 네 권. 음, 아홉 권이군) 보냈소. 그 책 사느라고 한 푼 없이 지냈지만 흐뭇하였소.

숨 가쁜 세모입니다. 바쁠수록 돌아가라는 말이 있지요. 사색의 시간은 양보하지 맙시다. 침착하게 한 발짝 한 발짝 생각하며 걸어 갑시다. 건강에 유의해 주시오.

당신의 새 생활**에 대해 무척 알고 싶소. 좋은 이야기 많이 가져 오시오.

---

*박성준은 영치금을 절약해 모은 돈으로 가족들의 생일에 빠트리지 않고 선물을 보내 주었다. 여기서 꼬마들이란 당시 초등학생이던 한명숙의 막내 동생들을 말한다.
**당시 한명숙은 이화여대생들의 시위 때 학생들을 숨겨주었다는 이유로 기숙사 사감을 그만두고 강원룡 목사가 설립한 수원 크리스찬 아카데미로 직장을 옮겼다.

둘째 마누라,
당신은 천천히 오소
(1974~1975년)

"며칠 전 한 선배언니의 얘기를 들었는데 남편과 함께 새벽 3시까지 얘기를 했다는군요. 그 얘기를 들었을 때 왜 그렇게 부럽던지. 누구는 집을 고칠 때나 못을 박을 때 남편 생각이 난다지만 저는 그럴 때 당신이 아쉬워 본 적은 없습니다. 다만 밤새도록 마주 앉아 얘기할 남편이 필요할 뿐이지요. 남편 가막소에 두고 심통증에 걸린 한 마누라쟁이 올림."

"그대 편지에 쓰기를 남편과 새벽 3시까지 깨가 쏟아지게 얘기를 나눴다는 어느 선배언니의 말을 듣고, 부럽기도 하고 샘도 나서 부리나케 백 리 길을 달려 올 예정이라는 심통쟁이 마누라의 편지 받고, 가막소쟁이 남편은 이발하고 면도하고 '로숑' 몇 방울 얻어 찍어 바르고 있는 폼 없는 폼 다 잡으면서, 쿵덕 방아 찍는 가슴 진정시키며 하루 죙일을 기다렸것다."

이대 기숙사 사감을 그만두고 경동교회 강원룡 목사가 설립한 수원 크리스찬 아카데
미의 원감 겸 여성교육 담당자로 일하게 된 한명숙은 이 시기 본격적으로 여성사에
몰입하게 되며, 박성준은 신학에 대한 관심이 깊어져 감옥에서 본격적인 신학공부를
시작한다. 한명숙은 크리스찬 아카데미가 자신의 삶에서 가장 큰 전환기였다고 회고
했다.

1974년 새해 아침

안녕하십니까? 새해 아침 어른들께 세배를 하면서 내 옆에 당신이 계시기를 바라지 않을 수 없었어요. 요즈음은 문득문득 아직 준비 없는 내 곁에 불쑥 당신이 오시지나 않을까, 하고 행복한 걱정을 할 때가 많습니다.

곧 만날 수 있을 것 같은, 기쁨과 두려움이 엇갈리는 그러한 상상을 해보는 때가 많습니다. 편지 첫머리에 '1974' 자를 쓰면서 지나간 날들에 대해 반성해 봤어요. 이제 새해와 더불어 새로운 일을 만나 계속 일과 공부를 병행하지 않으면 안 될 처지입니다.

하나의 집 주인*으로 엄마 역할도 힘들지만 교육실무 담당자로서의 역할은 더욱 어려울 것 같습니다. 그동안 하루도 쉬지를 못했으니까요. 요즈음 계속 프로그램이 진행되고 있어요. 현재 서양사람, 일본사람, 한국사람 약 30명이 인간관계 지도자 훈련을 하고 있습니다. 재미있습니다.

여기는 시내와 떨어진 한갓진 곳이라 차가 나가는 편에 편지를 부치게 되어서 좀 늦곤 합니다. 한 가지 곤란한 것은 제가 외모가 도저히 원감의 이미지를 못주어 사람들로 하여금 교육 받으러 온 학생 취급받는 게 한두 번이 아닙니다. 일전에 사무적인 일로 찾아온 경찰 아저씨에게 내가 책임자라고 했더니 그만 아연실색하더군요. 외모부터 어른이 되도록 신경을 써야겠습니다.

---

*수원 크리스찬 아카데미 사회교육원 원감 일을 말한다.

1974년 1월 3일

새해에는 좀 더 겸손해지기를 배워볼까 합니다. "가장 아름다운 인간은 겸손한 인간"이라는 생각이 듭니다. 하루 서너 번씩 자신의 말과 행동을 반성하는 습관을 몸에 붙이기로 결심했습니다. 어학공부보다 사람 되기 공부를 더 열심히 하지 않으면 안 되겠다고 생각했습니다. 이것이 새해의 내 계획입니다. 성공할 수 있도록 당신의 도움을 바랍니다.

주님께서 "높아지려는 자는 낮아진다"고 하셨습니다. 지도자는 종이 되어야 할 것입니다. 현재 당신은 종이 될 수 있는 위치에 있습니다. 우리 모두 낮아집시다. 저에게도 낮아지라고 말해주십시오. 그러면 나는 당신에게 사랑받기 위해 있는 힘을 다하여 낮아질 것입니다.

1974년 1월 12일

지금은 밤 1시입니다. 이 편지를 어서 쓰고 잠을 자야만 다섯 시간이라도 잘 수 있습니다.

저는 이번 일을 맡아 하면서 잠은 물론 세수할 틈도 없을 정도로 바빴고 다른 생각을 할 겨를이 없었습니다. 이 일 이외에는 다른 어떤 것도 생각할 수가 없을 정도입니다.

결과적으로 얻는 게 많습니다. 그리고 구체적으로 공부할 거리가 나타납니다. 이번만 해도 여러 분야에 걸친 강의와 세미나 자료만 해도 열심히 하지 않고서는 도저히 따라 잡을 수 없을 정도입니다. 그룹을 이끌어 가는 방법에 대해서도 두고두고 연구하고 실험해볼 작정입니다.

너무 제 얘기만 했군요. 혹시 잠꾸러기 잠 못 자 병날까 걱정하시지 않을까 싶군요. 일을 하다 보면 요령이 생길 거예요. 다행인 것

은 몸은 피로하지만 보람을 느끼는 일이고 또 배운다는 의욕 때문
에 지치지가 않아요. 이번 당신 생일 때는 꼭 갈 수 있도록 해보겠
습니다.

오늘 당신 엽서 받았소. 여보, 내 건강은 최근 부쩍 좋아졌소. 감기도 걸리지 않았소. 소화가 아주 잘되고 밥맛도 좋소. 그러니 나에 대해선 아무 걱정도 하지 마오.

집안 식구들이 감기를 앓았다니 잘 먹지도 못하는 부모님과 동생들이 가여워 못 견디겠소. 영양섭취를 잘해야 하는데 어쩌고 있는지. 일곱 식구가 요즘 같은 물가에 2만 원으로 생활한다니 그 생활이 오죽하겠소. 생각할 때마다 송구스럽고 가슴이 아파 못 견디겠소. 당신 월급봉투가 조금 더 두터워질 수만 있다면 좋으련만.

선숙이도 편지에 쓰기를 "아침 7시에 집을 나가 저녁 8시에 돌아오고 나면 먼 여행이라도 한 것 같이 온몸이 나른해지는 게 허리를 펼 수가 없어요"라고 했구려. 대학입시 준비랍시고 한참 자라는 아이들을 혹사하는 교육제도에 화가 나는구려.

그 아이들은 지금 한참 책을 읽어야 할 나이인데 완전히 입시준
비 공부에 그 연약한 팔다리를 결박당해 버렸구려. 애처로운 일이
오. 당신 제발 선숙이에게 용돈을 좀 쥐어 주시오. 그 아이가 배가
고플 때 학교 매점에서 사탕이라도 사먹을 수 있게 말이오. 내가 여
기서 3천 원이나 쓰고 있다는 게 견딜 수가 없구려.

1974년 4월 8일

당신 보세요.

진지 잘 드시고 건강하다니 무엇보다 반갑군요. 워낙 봄이란 계절은 사람의 몸을 축나게 하는 법인데 우리 둘은 이렇듯 건강한 편이니 다행입니다.

꼬마들과의 편지 연락은 여전한가 보군요. 당신 말처럼 우린 어렵게 살지만 "이가 없으면 잇몸으로 씹는다"는 말도 있듯이 살아가는 방법은 있는 법입니다. 너무 우리 집안 때문에 염려하지 마십시오. 가난하기 때문에 그것이 방부제가 되어서 우리는 정신적으로 건강한지도 모릅니다.

여보, 우리 새봄을 맞아서 우리 몸과 마음의 먼지와 찌꺼기를 모두 씻어내고 새로 깨끗하게 순수하게 시작해요. 당신과 나의 사랑이 커가는 마음속 진공지대를 만들고 젊은이답게 싱싱해 봐요.

무기력과 비굴 따위는 우리들과는 상관없는 것으로 만들도록 합
시다.

1974년 6월 9일

고모님이 다녀가셨소. 준비 없이 만났지만 기쁘시게 해드릴 수 있었소. 눈물을 안 보이시고 돌아가셨소. 소망에 차있는 나를 보고는 고모님도 위로를 받으신 듯하였소. 고모님의 거친 손을 움켜쥐고 까칠한 촉감의 의미를 되새겼소. 그렇게 어머니의 손도 쥐어보고 싶소. 윤기라고는 없는 인생을 그래도 배반하지 않고 인고하며 살아가는 사람들.

"곤히 자고 있더라. 네 생활이나 다름없다. 절간 같이 큰 집*에서 외롭겠더라. 네 처 고생한다. 네 처 같은 여자는 세상에 없단다. 네가 이 담에 위해줘야 할끼다."

고모님 말씀에 또 하나의 외로운 당신 모습이 면도날처럼 나의 가슴을 쓸고 지나갔소. 긴 머리채에 휘휘 목덜미 감기는 고독을 알고 있소. 보답하리다, 보답하리다. 이승에서 다 못하면 저승에서라도 보답하리다.

《대화》**지를 읽었소. 나는 기뻤소. 당신의 그 수많은 수고가 가히 헛되지 않으리라는 가능성을 읽어내었소.《대화》를 매달 보내주면 좋겠소. 3월호를 보면서 '교육모임'을 요약한 글 하나하나마다에서 당신의 숨결을 느끼오. 특히 젊은 여성의 교육모임에서 '결단의 시간'에 오고 간 대화는 내 가슴에까지 뜨겁게 전달되었소.

『내일을 위한 노래』 책에서 〈쿰바야 마이 로드〉를 배우고 있소. 당신 춤쟁이가 되었다니 반갑소. 잘 배웠다가 후에 나에게 가르쳐주지 않겠소? 우리 더덩실 춤추며 즐겁게 삽시다. 새 하늘과 새 땅을 보는 그날 까지 '쿰바야'를 부르며 행진합시다.

---

* 수원 크리스찬 아카데미 교육원을 말함.
** 크리스찬 아카데미에서 발행하던 간행물.

1974년 7월 22일

한바탕 소나기가 지나가고 파란 하늘이 드러나 보이는 저녁입니다. 땀이 찍찍 나는 살과 살이 부딪치면서 쉼 없이 계속 일을 하느라 7월 내내 짬이 없습니다. 두 차례에 걸쳐서 50~60명 여성을 위한 교육프로그램을 운영한 것은 저에게 큰 경험이었으며 한편으로 고된 나날이기도 했습니다.

저는 이곳 생활에서 여러 가지 많은 일을 배우고 있습니다. 그리고 이 일이 제 소양과도 꼭 어울리는 일이라는 것을 갈수록 느낍니다. 전에는 발견 못했던 저의 깡패 같은 선동기질이 이곳의 축 늘어진 분위기를 곧잘 살려 놓는 역할을 하곤 합니다. 수원 구석 한곳에 살아도 한국 땅에서 뽑혀 온 각계각층의 사람들과 접할 수 있어서 전보다 훨씬 넓은 시야를 가지고 살고 있습니다.

그리고 직접 교육에 참가하기 때문에 내가 지니고 있는 밑천의

빈약함을 절실히 느껴서 공부에 관심을 더 갖게 됩니다. 교육준비 때 읽는 여러 자료들도 저에겐 큰 도움이 되고 있습니다.

무더위를 만나서 꼭 한번 여행*을 하고 싶은데 이렇게 스케줄이 꽉 짜여있어 방학이 있던 시절이 그립기도 하군요. 당신이나 저나 똑같이 큰 집에 들어 앉아 투서**로 여름을 보내야 될까 봅니다. 당신의 건강 묻고 싶습니다. 날로, 날로 좋아졌으면…….

---

*남편에게 가는 면회를 여행이라고 불렀다.
**더위와 싸움[鬪暑]

1974년 8월 15일

오늘이 8·15 광복절이라오. 요즘 나는 우리의 고유한 문화와 한국의 얼을 알고 싶습니다. 지금까지 너무나 많은 남의 말, 남의 역사, 남의 학문과 종교에 끌려 다니며 혹사당해 온 것이 아닌지 반성하였습니다.

한국말을 하시고, 한국 옷을 입으시고, 한국의 역사와 문화전통을 한국 사람보다 더 해박하게 통달하고 계신, 이 땅 백성들의 소망을 자신의 소망으로 삼아 겟세마네의 피와 땀을 쏟는 기도를 드리시는 예수를 당신은 알고 있겠지요?

선하고 아름다우신 주님, 역사의 인식에 있어서 갈릴리 바닷물보다 더 맑고 투명한 이해를 가지신 주님. 믿음과 행함 사이에 분열이 없으신, 십자가에 달리신, 지금도 매달려 절규하시는 예수.*

나는 그리스도의 길을 가야 한다는 결론을 얻었지만 그 과정은 글자 그대로 형극荊棘의 길임을 알게 되었소. 누군가는 당신에게 박성준으로부터 자유인**이 되라고 충고했다지만 나는 생각하기를 우리가 굳게 손을 잡고 겸허하게 진리를 탐구할 때 드디어 진리가 우리를 자유케 할 것이라고 믿고 있습니다.

---

*박성준은 이 시기에 신앙과 성경공부에 매진한다. 그가 예수를 전하는 삶을 살기로 처음 작정한 것은 군대에 있을 때라고 했다. 군대에서 볼 수 있었던 유일한 책인 영어성경 속에서 "Come on to me, all you who labor and are heavy laden, and I will give you rest.(수고하고 짐진 자들아, 다 내게로 오라. 내가 너희를 쉬게 하리라)"(마태 11:28)란 구절이 칼날처럼 가슴에 와 박히는 경험을 했다고 한다. 그는 어린 시절 전쟁통에 부모를 잃고 한때 고아원에서 살았는데, 그곳에서 형식에 의해 마지못해 만나던 예수를 군대에서 새롭게 만났다. 그는 그 순간을 '예수의 인격과 만났다'고 표현했다.

**남편에게 끝없는 희생과 사랑을 보내는 한명숙에게 강원룡 목사는 박성준으로부터 자유인이 되라고 충고했다고 한다.

1974년 9월 14일

요새는 불쑥 당신에게 달려가 투정을 하고픈 일들이 벌어지곤 했답니다. 이숙이 문제를 포함한 집안 문제도 그랬고 저의 직장 문제도 그랬습니다. 9월부터 이숙이는 직장일과 학원공부를 병행하는데, 집에는 보통 11시가 되어야 들어옵니다. 원철이는 휴직 중인 선생자리에 임시 발령이 내려 안성으로 내려갔습니다.

직장 문제는 요즘 매우 복잡한 상태에 놓여있습니다. 사실상 시내 사무실 일이기 때문에 저는 직접적 관계가 없습니다. 그러나 저도 부분적으로는 프로그램 담당자이므로 좀 영향을 받는 편이지요.

아카데미의 모든 정책과 인사 문제, 구조 문제를 들고 원장에게 정식으로 도전하고 있는 단계라고나 할까요? 그 일과 관련해 높은 분이 제게 자주 의논을 해왔기 때문에 보다 공정하고 발전적인 제언을 하기 위해 생각을 많이 했습니다.

저의 건강은 많이 회복되었습니다. 특별히 약을 먹고 쉬어서가 아니라 이것저것 생각할 틈도 없이 이어지는 강행군에 몸을 단련했더니 어느새 병이 달아나 버렸습니다. 아침과 낮에는 모임을 돌보고 5시경 서울로 올라와 탈춤* 연습을 끝내고 돌아오면 밤 11시가 됩니다.

탈춤이라는 게 보통 춤과 달라 한 장단만 해도 온몸에 땀이 쫙, 열이 확 오르는 몸부림의 연결입니다. 열 명 중에 제일 멋들어지게 추는 고수입니다. 한껏 재미를 붙여서 피곤한 줄도 모르니 아직 젊기는 젊은가 봐요.

책방에 들러 『신학자의 대화』를 샀습니다. 『제2의 성』 마지막을 끝내면 『새벽을 알리는 지성』을 볼 예정입니다. 안녕.

---

*당시 경동교회의 탈춤반 활동을 하고 있었다.

1974년 10월 18일

세월이 많이 흘렀습니다. 71년, 72년에 비하여 이제 소녀티를 벗고 성숙한 여인의 아름다움을 가득 담고 있는 당신의 최근 사진들을 당신이 지독히 그리워지는 시간마다 한 장 또 한 장 조용히 음미합니다.

아내를 보는 남편의 마음엔 조바심이 일어납니다. 이럴 때 저는 의지의 날을 세우고 시간의 알맹이를 도려내듯 모질게, 모질게 살 각오를 새롭게 합니다. 만남의 날을 준비하는 우리들의 시간이 아프지만 참아야 합니다.

당신의 그릇은 크나 현재로서는 가능성이기 때문에 그 가능성을 현실로 전환시키는 것은 당신의 노력입니다. 지식의 성장은 눈 공굴리기에 비유된다고 했지요. 굴릴수록 커지고 작은 노력으로 많은 것을 얻게 된다고요. 결코 어렵다고 생각하지 마십시오.

* 한명숙이 1974년 당시 박성준에게 편지와 함께 보낸 사진.

《기독교 사상》 3월호에 실린 한스 웨버의 「역사적 예수 연구의 새 국면」을 재미있게 읽었습니다. 일독을 권합니다.

1974년 10월 10일

당신 잘 계시는지요?

갑자기 찾아온 일주일 동안의 조용한 시간이 저에게 가져다 준 의미는 매우 큽니다. 소박하고 알맹이를 가진 생활로 나를 몰고 가는 계기를 마련해 주었습니다.

유인호의 『교양 경제학』을 두 번 읽었습니다. 『무신론자와의 대화』를 아직 사지 못해 소포를 부치지 못하고 있는데, 일요일 서울 가는 길에 사서 읽은 후 보내드리겠어요.

깊이 있고 능력을 갖추었으면서도 쉽게 드러내지 않는, 많이 생각하는 표정을 가진 그야말로 멋진 사람이 되고 싶습니다. 그런 의미에서 요새 재미를 붙인 책 읽기는 저를 매우 풍부하게 키워줍니다. 한갓 지식뿐이 아닌 인격과 삶에 대한 사색을 하게 됩니다.

이번 탈춤 공연이 날짜를 달리해서(9월 30일~10월 5일 사이) 각

신문에 게재되었는데 9월 30일 동아일보에 난 것을 한번 찾아보시
지요. 그 사진 컷 제일 앞에 크게 난 것이 한명숙이요 그 옆이 탄광
에서 돌아온 우리 영감, 뒤쪽이 다른 여인들입니다. 탈 쓴 마누라를
꼭 찾아보세요. 영감* 하나 얻었다고 어찌나 축하 인사를 받았던
지! 편지 써서 당신께 알리겠다는 사람도 수두룩!

*경동교회 탈춤 공연 당시 미얄할멈을 맡았던 한명숙의 극중 '영감'을 말함.

1974년 10월 20일

여보, 마누라! 몸살감기 앓지는 않았소? 풍문에 듣자하니 당신 영감 하나 얻었다구?

6년간 외롭게 지냈으니 바람 좀 피우는 것 당연하지. 탄광에서 고생깨나 하던 영감이면 만만치는 않을 테지만 나도 징역 7년째에 쓴물 단물 다 먹은 놈이라 쉬 물러나지는 않을 테요. 키신저 식 외교술로 내 곧 그 영감하고 협상해서 당신을 도로 찾아올 생각이오.

당신 편지는 받았소. 좋은 편지였소. 하루가 새롭게 무럭무럭 성장하는 당신을 글을 통해 생생히 느낄 수 있었소.

오늘 감동적인 러브스토리를 하나 들었소. 18년을 고스란히 기다렸던 어떤 아내가 드디어 만기 출소하는 꿈에 그리던 남편을 맞아, 온 동네가 다 부러워하는 행복한 살림을 꾸렸다는 이야기요. 부지런히 농사를 지으며 잘살고 있는데, 그렇게 정다울 수가 없다고 그러오. 그 분들의 위대한 애정에 고개가 숙여졌소. 문득 당신 생각이났소.

1974년 10월 18일

싸늘한 바람을 안고 가을비가 옵니다. 창문 앞 잔디가 빗물을 먹고 촉촉이 젖어 있는가 하면 누렇게 물든 후박나무 큰 잎들이 빗방울에 하나 둘 떨어집니다. 오늘따라 텅 빈 집에 혼자 남게 되어 쓸쓸한 기분을 감출 수가 없습니다.

제가 일전에 방을 옮겼다고 했지요. 다섯 평 반쯤 되는, 니스칠이 잘된 방입니다. 옷장과 책상, 책장, 나무로 된 장식대 등 가구가 한쪽으로 배열되어 있습니다. 장식대 위에는 돌로 된 불상 하나, 청홍 차병, 박달나무로 된 방아, 장식용 화병. 세잔느의 그림 한 폭이 진열되어 있습니다. 당신과 내게 이런 방 하나 있다면 예쁜 꿈을 날마다 꿀 수 있을 거예요.

저는 오늘 온종일 방 안에서 서류정리를 하고 『새벽을 알리는 지성들』의 '라울 프레비쉬'* 편을 읽었습니다. 작은 전축을 방에 가지고 와 온종일 음악을 들으며 일을 했습니다. 요즘 제가 즐겨 듣는 곡은 브루흐의 〈스코티시 판타지아〉입니다.

한가하니 좋기도 하지만 구체적인 고민들이 마구 떠 올라와요. 괴롭기도 하고 즐겁기도 한 게 인생인가 봅니다. 오늘밤 안녕히 주무세요.

---

*라울 프레비쉬(1901~1986)는 아르헨티나의 경제학자로 유엔 사무차장 겸 중남미 경제위원회 사무국장, 유엔 국제연합무역개발회의(UNCTAD) 사무국장을 지냈다. 그는 전 세계를 산업화된 국가들인 중심부와 저발전국가로 이루어진 주변부의 두 영역으로 나누었고, 또한 종속이론의 핵심이 되는 불평등 교환 이론을 제시하였다.

1974년 12월 4일

오늘은 하고 싶은 얘기가 무척 많소. 지금 밖에 무지무지하게 아름다운 흰 눈이 내리고 있기 때문일까? 갑자기 당신이 보고 싶소. 당신의 고운 손을 꼬옥 쥐어주고 싶소. 그래, 할 얘기가 많지……. 차근차근히 간단명료하게 말해 보리다.

보부아르의 『제2의 성』을 읽었을 때 제일 큰 기쁨은 "숙이는 해방된 여성이구나!" 하는 깨달음이었고 두 번째는 다시는 그 누구도 (나마저도) 그 어떤 세상의 힘도 당신에게 자주성과 창조력, 노동의 능력과 인간으로서의 굳건한 독립성을 빼앗거나 방해하지 못하리라는 확신이었소.

당신이 가지고 있는 그 귀중한 것들은 불운과 역경과 여자로서의 부자유(남편과의 별거)에 지배당하기는커녕 그것을 새 삶의 기회로 역전시킨 한명숙의 위대성의 산물임이 틀림없습니다. 이제 당신은

그러한 자유의 기쁨을 가지고 모든 여성들에게 그 가능성을 안겨주
도록 하실 수 있겠지요? 건강하십시오.

1974년 12월 11일

유난히 포근한 날씨에, 열어 놓은 창으로 들어오는 따스한 햇볕 때문에 방안은 훈훈합니다. 추운 날은 엄두도 못 내던 아침산책을 오늘은 거뜬히 해내었습니다. 희끗희끗 눈이 덮인 운동장을 지나 아래로 처진 모퉁이 언덕에서 졸졸 흐르는 샘물을 한 바가지 퍼 마시고는 김이 무럭무럭 솟는 호숫가를 길게 걸었습니다.

12월 4일에 쓰신 당신의 편지 속에서 커가는 저의 모습을 잘 표현해주셨습니다. 저는 해방된 여성이고 싶을 뿐만 아니라, 인간다운 인간으로 살고 싶은 강한 욕구가 저를 받치고 있습니다. 그러나 제가 항상 부딪히고 갈등을 느끼는 것은 과연 그런 것들이 어떤 지식이나 자료나 책이나 말로 해결되는 것일까 하는 의문입니다.

지도자는 스스로 실천하는 가운데 해방이란 말을 피부로 느낄 수 있어야 한다고 생각합니다. 그런 뜻에서 진정한 여성해방은 결코 여성만이 아닌 남성과의 깊은 협력과 노력이 함께 할 때 양성 모두 해방되는 결과가 오지 않겠어요? 사실 여성해방이란 말은 동시에 남성해방이란 말도 됩니다.

이것은 당신과 같은 남성들에겐 사실상 심각한 위협으로 느껴질 수도 있습니다. 준이는 숙이의 해방을 위해 진심으로 얼마나 노력할 수 있겠어요? 당신은 여성을 하나의 독립된 인격체로 생각한다는 점에서 적어도 머리로는 여성문제를 비교적 잘 이해하고 있지만, 제가 보기에 생활전통이나 습관 내지 저와의 관계 가운데서 볼 때는 아직도 남성문화권의 굴레 속에서 헤엄치고 있다고 생각됩니다. 당신 스스로도 이 점을 인정하고 있지요?

여성해방이란 말은 남성에게는 큰 두려움을 안겨 줄지도 모릅니다. 준이도 단단히 각오를 하셔야 해요!

1974년 12월 23일

오늘은 12월 23일, 우리의 결혼 7주년 기념일입니다. 지금 내 흉중을 오가는 감회는 필설로 다 표현할 수가 없습니다. 당신과의 만남과 결합 그리고 그 후 우리 둘 사이의 사귐과 사랑의 관계를 생각하면 나는 인간의 오묘함에 놀라고 삶의 신비에 대하여 경건해지지 않을 수 없습니다.

우리의 인생은 아직 시작단계에 있고 당신은 하루가 다르게 성장하고 있는 것을 볼 때 나는 우리가 전개할 이제부터의 살아가는 이야기가 군침이 돌만큼 궁금하여 기대에 부풀게 됩니다.

숙이 씨가 지난번 편지에 쓰셨던 문제―숙의 해방―에 대하여 요즘 무척 생각하고 있다오. 관념 속에서만이 아니라 현실적으로 당신과 나 사이가 완전한(민주적이고 대등하며 자립적인) 벗의 관계가 될 수 있다는 확신이 날로 확고해져 갑니다.

당신과 나는 각자가 경제적으로 자립할 것이며 인격에 있어서 독립과 주체성을 가지면서, 두터운 우정과 사랑에 의해 결합된 부부로서 살아가게 될 것이라고 믿습니다. 정상적인 친구 사이에서 마땅히 있어야 하는 비판과 충고는 끊이지 않을 것이며 때로는 의견 대립과 다툼도 있을 것이지만 이것은 우리의 민주적 관계가 건전히 유지되고 있다는 표징이 될 것입니다.

1974년 12월 28일

여보, 밤이 깊었습니다.

결혼기념일도 크리스마스도, 만약 이 편지가 새해 전까지 못 들어간다면 역시 새해도 한 장의 편지를 못 드린 셈이군요. 이제 글을 쓰자니 멋쩍은 인사가 되어버렸습니다. 23일부터 연이어 오늘까지 모임이 있었어요.

24일 크리스마스이브를 이처럼 텅 빈 집에서 혼자 남아 조용히 지내보기는 처음입니다. 벅적한 크리스마스의 분위기에 혼자 누리는 이 고요한 시간이 나쁜 건 아니었습니다. 우리의 지나간 시절, 12월의 추억들을 되새기며 고요히 밤을 즐겼습니다.

결혼식을 끝내고 신혼여행 차 찾아갔던 소사의 작은 오두막집, 신방을 꾸미느라 애쓰던 관리인, 추울세라 뜨겁게 불을 지펴주던 인정, 신방을 찾아온 친구들, 우리를 위해 파티를 열어준 그들과의 성탄절. 지금도 장롱 위에는 부잣집 아줌마에게서 받은 결혼선물인 물 컵이 얹혀있습니다.

첫날밤 우리가 제일 먼저 한 일을 퀴즈로 물었을 때 아무도 알아맞히지 못하던 어벙한 경제복지회 친구들. 정답은 "축의금 계산"이었죠. 파격적인 결혼식에 담긴 갖가지 에피소드들 하며, 당신과 내가 아니면 가져보기 힘든 귀한 추억들이 생생히 살아납니다.

내일은 일요일인데 하루 종일 이곳 결산 정리를 하고 모레부터 1일까지는 집에 가서 쉴 참입니다. 제일 마음에 걸리는 게 영치금을 못 부친 것인데 천상 월요일이나 가능할 것 같군요. 미안합니다. 연말이고 집에 쌀을 장만했더니 이달도 적자군요. 생활비 조달을 하다 보니 당신 월급이 늦어진 것입니다. 월요일 꼭 4천 원 부치겠습니다.

1975년 1월 3일

한해를 넘긴 지 사흘 째 되는 날 밤에 쓰는 소식입니다. 요즘은 자신을 자각할 수 있는 새로운 힘과 용기가 생겨난 것 같습니다. 오랜 겨울잠 끝에 땅 속으로부터 세상에 머리를 내미는 기분이랄까. 눈을 가리고 있던 엷은 막이 벗겨져 희미했던 시야가 번쩍 뜨이는 느낌입니다. 답답했던 마음이 탁 트이도록 숨을 크게 쉬고 싶습니다. 어쩌면 당신이 말씀하신 것처럼 저는 지금 제 자신에게서 해방되고 있는 중일지도 모릅니다.

1975년을 성장하는 해로 정한 저는 제 의욕만큼이나 많은 어려움의 벽이 기다리고 있다고 생각합니다. 시작이 반이라고 우선 이번 학기에 대학원* 등록을 시작할 생각입니다.

1일에는 수원 식구들과 함께 목사님**께 세배를 갔습니다. 부모님께도 세배를 했지요. 이숙이는 예비고사에 합격했고 곧 접수를 해야 합니다. 직장일로 준비가 소홀했고 2~3년 전과는 과목이 모두 바뀐 터라 큰 확신을 갖지 못합니다. 어쨌든 가능성 있는 과로 선택해야 될 것 같습니다.

7일부터는 올해의 첫 프로그램이 시작되는데 총 40회의 모임을 치러내자면 숨 막히는 하루하루가 될 것입니다. 얼마나 바쁠지 상상만으로도 아찔합니다. 새해 복 많이 받으세요.

1975년 1월 9일

지금 하루 일과를 끝내고 가마니 깔린 방에 들어와 단정한 자세로 앉아 있소. 앞에는 나무를 거칠게 다루어 만든 작은 앉은뱅이 책상, 그 위에 오늘 받은 당신 편지가 놓여 있습니다. 편지에 보면 요즘 무척 피곤한 모양인데 그러다 건강에 지장은 없을지 걱정이 되오.

여기 우리들은 그런대로 재미있게 연말과 연시를 보내었소. 당신이 봉급 인상을 해준 덕에 고기 두어 번을 사먹을 돈이 남았소. 먹어야 운동할 힘도 나오고 책 읽는 힘도 유지되기 때문에 최근 먹는 문제에 많이 신경을 쓰려고 의식적으로 노력하는 편이라오. 귀한 돈으로 살면서 건강하지 못하면 너무 미안하니까 건강 챙기도록 하리다.

내 생일선물은 금년엔 생략합시다. 그 돈으로 당신 논문 쓰는 데 필요한 참고 서적을 사서 당신이 먼저 본 다음에 나에게 소포로 부쳐주면 좋지 않겠소.

오늘 좋은 편지를 받았기 때문에 기분이 매우 좋습니다. 언제나 당신께 고맙다고 느끼고 있습니다.

1975년 2월 7일

오늘 아침에 합격했다는 통지를 받았습니다. 이제부터 학생이라는 생각을 하니 가슴이 들뜹니다. 들은 이야기로는 교수사정회의에서 제 논문은 우수한 것으로 평가되었다고 합니다.

학장님은 저와의 면담에서 기독교 선교에 대한 제 관심에 매우 긍정적인 말씀을 주셨습니다. 우리 현실에 대한 올바른 상황분석을 위해서 외국서적을 토대로 하지 않을 수 없는 것이 우리 실정이라며 좋은 서적을 적극 지원해주시겠다고 했습니다. 깊은 독서를 특별히 당부하시더군요.

특히 영어원서를 거침없이 읽을 수 있는 수준으로 실력을 쌓으라는 교수님 말씀이 지금 당장부터 영어책을 붙들게 만듭니다. 잠 잘 자고 밥 잘 먹고, 건강은 좋습니다.

1975년 2월 25일

여보, 편히 돌아갔다니 기쁘오. 당신을 보내 놓고 그날은 한잠 못 자고 이것저것 우리들의 일을 생각했소. 최근 한 해 남짓 동안 당신의 성장이 현저히 눈에 보입니다. 이제 의욕과 선의를 가진 분들이 세운 좋은 학교에 들어갔으니 앞으로 1,2년간에 더 많이 성장하리라 믿습니다.

당신이 넣어준 책을 읽으며 준이는 준이대로 꽤 큰 자극을 받고 있습니다. 우리나라의 기독교인들이 그만큼 착실히 성장하고 있다면 그들과의 대화를 염두에 두고 준비하고 있는 준이 자신의 공부도 더욱 폭과 깊이를 더해가지 않으면 안 되겠지요.

1975년 3월 14일

당신 건강은? 기분은? 하시는 일들은? 모두 어떠신지. 저야 늘 바쁜 세상살이 시간 가는 줄 모르고 날뛰는 잔나비.*

당신과 더불어 얘기다운 얘기를 나누어 본 지가 퍽 오래되었습니다. 갈수록 이야기 친구 당신이 그리워집니다. 며칠 전 저와 같이 일하는 한 선배언니의 얘기를 들었는데 신문사 기자인 남편과 함께 새벽 3시까지 얘기를 했다는군요. 그 얘기를 들었을 때 왜 그렇게 부럽던지. 그 순간부터 당신 생각이 물씬 떠올라 지워지질 않습니다.

크고 작은 답답한 일들이 있을 때나, 기분 좋고 즐거운 일들이 생길 때나 언제나 당신이 필요했습니다. 누구는 집을 고칠 때나 못을 박을 때 남편 생각이 난다지만 저는 본래 기계 만지고 못 박는 재주가 있어서 그럴 때 당신이 아쉬워 본 적은 없습니다. 다만 아무 얘기나 털어 놓고 할 수 있는 친구가 필요할 뿐입니다.

어제 어느 목사님이 낙서판에 쓴 말 중에 "심통이 나고 답답해서 발가벗고 꽥꽥 소리 지르며 미친 듯이 춤이나 추고 싶다"라는 글이 있었는데 얼마나 공감이 가던지 찾아가 악수를 나누었습니다.

남편 가막소에 두고 심통증에 걸린 한 마누라쟁이 올림.

추신. 면회가 27일 이후에야 될 것 같지만 지금 같아선 20일 정도에 꼭 한번 보고 싶으니 가도록 노력하겠어요. 그러나 목 빼고 기다리진 마오. 못 가기가 더 쉬울 테니까.

---

*한명숙이 원숭이띠인 자신을 표현한 말.

1975년 3월 23일

안녕하시오?

14일 보낸 그대 편지를 16일에 받았는디 답장 23일이 될 말이냐고? 무심타 하지 말고 내 사연 들어 보소. 그대 편지에 쓰기를 신문사 다니는 남편과 새벽 3시까지 깨가 쏟아지게 얘기를 나눴다는 어느 선배언니의 말을 듣고, 부럽기도 하고 샘도 나고 오기도 나서 내 낭군 당신 남편만 못하랴 하고 부리나케 대전까지 백 리 길을 달려올 예정이라는 심통쟁이 마누라의 편지 받고, 까까중이(가막소쟁이) 남편은 이발하고 면도하고 '로숑' 몇 방울 얻어 찍어 바르고 있는 폼 없는 폼 다 잡으면서, 쿵덕 방아 찍는 가슴 진정시키며 20일 하루 죙일을 기다렸것다.

책상에 붙어 앉아 원고를 쓰는 척, 책을 읽는 척, 사람들과 농을 하는 척, 마누라쟁이 오건 말건 관심 없는 척, −척 −척 −척 이렇게 척척박사가 되어 쿵덕 방아만 찍고 앉아 있었으나 결과는 빌 '공空', 기다려 '뺑'자라! 마누라쟁이야, 삼십 초년에 홀로되어(앗, 아차! 가막소 맡겨 둔 서방도 서방이니께, 홀로가 아니라서 하나님 보시기에 좋겠지?) 생존 싸움터의 용사되어 골리앗에 맞붙어 싸우는 다윗처럼 정신없이 바빠 못 왔지?

못 와도 좋아, 둘째 마누라*인 당신일랑 천천히 오소. 다만 성님일랑 일쪽이 내려 보내시오. 앗따 못 알아듣소? 내 첫째 마누라(책) 말이오. 나야 콩밥 잘 먹고 영치금 갖고 계란·분유·엿 다 사먹고 가마니 위에 잠 잘 자고 건강 이상 없음.

27일 멋진 면회할 수 있도록 만반준비 해오소. 이리 좀 가까이, 쉿! 일급비밀이라니까.

사실은 둘째 마누라가 감칠맛은 더하지. 암, 그렇구 말구!

---

*책을 너무 좋아한 남편에게 한명숙은 첫째 마누라가 책이라고 농담을 했다.

1975년 5월 20일

아버지가 고혈압으로 쓰러지셨습니다. 5월 3일 외출하셨다가 집에 돌아오시질 않으셨습니다. 전에도 조카 집에서 가서 자주 쉬신 적이 있기 때문에 한 이틀은 가볍게 생각하고 찾지를 않았습니다. 그런데 조카 집에 안 계신 것이 밝혀지고부터 온 집안이 혈안이 되어 서울시와 교통부 등 사고 기록되는 곳, 가실만한 데는 안 가본 곳이 없었어요. 며칠 동안 식구 모두가 불안에 떨어야 했습니다.

저는 불안한 마음을 애써 감추고 9일부터 시작한 교육을 진행시키려 수원엘 들어갔습니다. 바로 그날 수원으로 걸려온 전화 내용은 아버지를 영등포 시립병원에서 찾았다는 소식이었습니다. 영등포 부근 대림의원에서 친구를 만나고 나오는 길에 쓰러지셔서 길에 누운 채 이틀을 보내고 백차가 발견해서 시립병원으로 옮겨 무료병동에 버려진 채 사흘이나 계셨다는 것이었습니다.

아버지를 찾았을 때 그 비참한 광경은 다 표현할 수가 없답니다. 그렇게 담이 크신 엄마마저 그 자리에서 통곡을 하셨습니다. 검사 결과 작은 핏줄이 터진 흔적이 있으나 신체에는 전혀 불편이 없습니다. 그러나 아직 사람을 못 알아보고 시신경을 다쳤는지 보시지도 못합니다. 겉으로 보기에는 아무렇지도 않은데 전혀 깨어나지 못하니 걱정입니다.

제가 퇴근 후 번갈아 간호하고 집은 이숙이가 살림을 합니다. 모두가 우울하고 너무 신경을 써서 건강이 좋지를 못합니다. 엄마와 나는 아버지가 만약 돌아가신다 하더라도 할 수 없다고 단단히 각오를 하고 마음 크게 먹자고 서로를 위로했습니다. 지금 이 시립병원을 옮기고 싶어도 우선은 돈이 문제이고 또 고혈압 치료는 어디를 가나 별 뾰족한 수가 없어서 그대로 며칠 더 있기로 했습니다.

저에게 닥치는 정신적·경제적 부담에 정신을 차릴 수가 없습니다. 엄마 앞에서는 위로하기에 정신이 없고, 집에 오면 동생들이 불쌍해 명랑한 척 하다 보니 누구와 툭 터놓고 의논할 사람도 없고 머리가 터질 것 같습니다. 어디서 혼자 실컷 울기라도 했으면 좋겠습니다.

그러나 한 가지, 이런 고통을 당하면서 아무리 고통이 길고 고독이 커도 쓰러지지 않겠습니다. 정신을 차려서 이겨내야지요. 모든 각오는 다 되어 있습니다.

당신 편지 어제 받았소. 심상찮은 예감에 받아든 손이 떨렸소. 무언가 당신 심신에 괴로움이 있다는 걸 짐작은 하고 있었는데 아버지께서 그렇게 되셨다니 무어라 나의 불효를 용서 빌 수 있을지. 다만 가슴을 칠 뿐이오. 시립병원! 당신이 그 곳에서 무엇을 느끼고 무엇을 생각했는지 나는 아오. 사랑하는 아내여, 당신과 어머니와 불안감에 떨고 있는 동생들을 달려가 한 품에 끌어안고 싶소. 한 번도 당신을 돕지 못했고, 큰 일은 모두 당신 혼자서 감당해야 하니 나는 무슨 면목으로 부모님과 형제들을 장차 뵐 수 있을까요.

어머님과 당신의 건강이 무척 걱정되오. 슬픔에 슬픔이 겹치지 않도록 잘 보살펴드리고 진지를 꼭 드시도록 해드리시오. 그런 상황에서조차 침착과 용기를 잃지 않을 뿐 아니라 학교도 빼먹지 않았다니 당신은 남자인 나를 부끄럽게 하는 여장부요.

1975년 5월 27일

엊그제 아버지가 편찮으시다는 편지를 적어 보낸 후 계속 마음이 편치 않았습니다. 당신이 무척이나 걱정하고 계실 거라는 생각이 머리에서 떠나질 않았기 때문입니다. 자유롭게 움직일 수 있는 우리도 안타까워 미칠 지경인데 마음대로 행동할 수 없는 처지의 당신 심경은 오죽하겠습니까. 당신의 안타까움을 충분히 이해하면서 위로의 말씀을 드립니다.

요즘 우리 생활은 퍽 질서를 찾은 셈입니다. 역시 불안하고 힘에 겨운 생활이긴 하지만 처음보다는 마음도 단단히 먹고 생활도 전과 다름없이 하고 있습니다. 꼬마들은 아직 무엇인지 어리둥절해서 엄마 떨어지는 것만 좀 서운해 할 정도입니다. 병원비로 인한 경제적 부담이 가장 크게 우리를 짓누르고 있는 것이 사실입니다. 아버지는 뇌신경의 핏줄이 터진 걸로 알고 있습니다. 사람을 못 알아보시고 시력도 상한 것 같습니다.

저는 어제도 학교 공부 때문에 늦게 집에 들어왔고 오늘도 마찬가지입니다. 책은 거의 못 읽고 신경 쓰느라 피곤이 쌓여 몸이 안 좋은 편입니다. 너무 걱정할 필요는 없습니다. 엄마와 저는 각오가 서 있고 이러한 고통에 숙달된 조교입니다. 어떻게 이겨 나가야 될 것이냐 하는 실질적인 계산만 남아 있습니다. 처음에 가졌던 당황은 없어졌고 담대해 졌습니다.

정신이 없어 쉬기가 어렵지만 기회 보아 한 사흘 휴가를 얻어 당신을 만나러 가겠습니다. 당신을 만날 자신이 있습니다.

1975년 6월 9일

오늘은 6월 9일. 당신이 편지대로 오늘 올 수 있을지가 의심스러워 편지라도 자주 보내줘야겠다 싶어 작업장으로 가기 전에 잠깐 몇 자 적습니다.

아침에 일찍 일어나 몸을 깨끗이 씻고 그동안 당신 모르는 사이에 약간 길어진 머리도 최대한 모양을 내고 새로 만든 옷도 입었소. 아주 특별한 날에 입으려고 2년 동안 안 입고 넣어 두었던 하나밖에 없는 새 러닝셔츠를 몇 번이고 망설이다 조금 전에 꺼내 입고 말았다오. 그러고 나니 몸이 가뿐하고 신선해진 느낌이 들어 당신과 딱 마주쳐도 자세에 흐트러짐이 없을 것 같은 자신이 생겼소.

하지만 아직 당신을 만난다는 사실이 가슴을 아프게 합니다. 어떠한 역경 속에서도 서로를 지키며 다시 결합하는 날까지 질기게 살아나가기로 합시다.

1975년 7월 30일

숨이 막히는 더위에 정신이 얼떨떨할 지경입니다. 원아는 훌랑 벗고도 더워서 어쩔 줄을 모르고 방바닥을 뒹굽니다. 모두들 찬물로 목욕을 하고 벗은 채 서늘한 바람이 불기를 기다리고 있습니다. 11시가 넘었는데 아무래도 오늘밤은 더위 때문에 잠을 설치고 말겠습니다.

아버지는 고단하신지 마루에서 바람을 쐬다가 들어와 주무십니다. 아버지는 잘 잡수셔서 조금씩 나아가고 기억력도 자꾸 되살아나 아버지 이름도 쓰고 우리가 크게 써주는 간단한 글을 읽으시기도 합니다. 아들 딸의 나이와 형편도 다 기억해서 말씀하시는데 다만 우리가 당신의 자식인줄 모를 뿐입니다. 다른 집에서 신세를 지고 있다고 생각하시기 때문에 이름을 적어주면서 꼭 집을 찾아달라고 부탁을 합니다.

다행히 아버지가 우리를 좋아하셔서 같이 말씀도 하시고 노래도 하시고 농도 하십니다. 특히 이숙이를 제일 귀여워하는데 그것은 이숙이 입 밑에 점이 크게 나 있고 당신 딸(이숙이)도 점이 크게 나 있기 때문이라고 합니다. 엄마는 늘 옆에서 시중을 드니까 엄마인 줄 아시는 것 같습니다. "여보"라고 부르고 우리에게는 당신의 아내라고 소개를 합니다. 원철이가 돌아왔는데 당신의 아들을 알아보지 못하시는 아버지가 가엾습니다. 빨리 정신이 돌아 오기를 우리 모두 기다리고 있습니다.

집안 얘기만 했군요. 지난번 여성문제에 관해 너무 의견을 전달 못해서 보충하겠습니다. 제가 일하는 곳의 여성사회에는 몇 분의 위원이 우리를 뒷받침하고 있습니다. 여성문제의 기수들이라고 할 수 있는 분들인데 방향과 정책을 논의하는 기구입니다. 이들은 세계여성운동의 세 가지 큰 조류 중에서 여성해방운동을 주창하는 입장에 서 있는 분들이고 강원룡 목사님이 완전히 여기에 동의를 표하고 같이 밀고 나가는 형편입니다.

그리고 또 한편의 입장은 인권(이렇게 표현할 수 있을지는 모르지만 부족한대로 그런 단어를 쓴다면) 문제가 해결된다면 자연히 여성문제도 해결된다는 생각 아래 모성애를 사회화시켜야 된다고 주장하고 있습니다.

이에 반해 인권이 해결되어도 여성문제는 여전히 남아있으며 이 같은 주장이 결국 여성의 힘이 한 나라의 수단으로 이용당하는 결과가 초래된다는 반론이 있습니다. 특히 모성애라는 단어 때문에 이제껏 여자들이 빼앗기고 억압받아 온 역사에 비추어 보건대 모성애의 언급자체가 난센스며 모성애는 문화적인 소산에 불과하다는 것입니다. 모성애와 부성애는 차이가 없고 특수한 것이 아니라는 겁니다. 여자를 희생시키기 위해 남성들이 만들어 낸 이기적인 방편이라는 것이지요.

따라서 모성애는 미신이며 이것은 여성의 본질과는 무관하다는 주장으로 모성애의 사회화를 배격하고 있습니다. 물론 여성의 인간화가 목적(goal)이고 함께 사는 공동사회를 이룩하자는 것인데 운동 전개에 있어서는 방향도 퍽 다양하고 판단하기 힘들 정도로 혼란에 빠질 때가 있습니다. 이번 교회여성 모임 때도 모성애 논쟁이 붙었을 때 애를 낳아보지 못한 사람은 말할 자격을 얻지 못할 정도였습니다. 퍽 난처했습니다.

그리고 역할 분담에 있어서 남녀가 그들의 특수성에 따라 구별되는 것인지 모르겠습니다. 남녀가 생리적인 차이 이외에 본질적으로 전혀 차이가 없다면 역할에 있어서의 차이도 단지 개인의 능력 차이이지 남녀이기 때문에 오는 차이는 아니라고 보아서 역할 분담에 있어서 남녀의 차이 또는 구별은 없다고 보아야 하는지도 연구과제입니다. 그리고 가장 기본적이고 중요한 것은 새로운 성윤리의 재정립입니다. 언제 대화를 통해 의견을 나누었으면 합니다.

1975년 8월 5일

나는 당신과의 소중한 대화를 준비하면서 많은 시간을 사색
으로 보냈습니다. 새롭게 얻은 아이디어도 많았고 문제에 대한 나
자신의 생각도 풍부해졌지만 내가 가진 지식과 경험의 한계를 절감
하기도 했습니다. 앞으로 더 깊이 있게 탐구해야겠다고 마음먹게
되었습니다.

요점을 말하자면 '여성해방'은 문제 자체가 잘못 설정되었다는
것입니다. 인간을 여성과 남성으로 나누어 대치시키는 이분법적 사
고는 옳지 않다는 것이지요. 우리의 상황에서 인간의 문제를 제쳐
두고 여성의 문제를 주장하면 인간의 문제는 버림받게 된다는 것입
니다. 인간(여성도 포함)의 문제를 먼저 이야기해야 하며 여성의 문
제는 인간문제의 핵심을 해결한 사회적, 문화적 기반 위에서 논의
되어야 합니다.

여성과 남성의 완전한 동등화는 올바른 단계를 밟아 낮은 단계에서 높은 단계로 한 단계 또 한 단계씩 실현되어가야 합니다. 단계의 설정은 현실의 과학적 분석에 기초하여 합리적으로 해야 합니다.

인간의 권리 실현 후에도 여성문제는 남는다는 주장은 옳습니다. 그러나 그 남는 문제는 그때 가서 다루어야지 지금 다루고자 한다면 인간의 권리문제가 소홀시 되거나 뒷전으로 처지게 됩니다. 여성의 문제가 하나의 사회적 성격을 띤 문제라면 그 해결도 사회과학적 논리와 합리성에 따라 순차적으로 추구되어야 합니다. 예컨대 하나의 건물을 지을 때에도 순서가 있는 것이며 여성문제 해결도 예외가 아닙니다.

서구사회의 여성해방 이론의 직수입은 우리의 상황에서 사치가 아닙니까? 그러한 이론에 입각한 여성운동은 소수의 유한有閑여성들을 제외하면 광범한 호소력을 가지지 못할 것입니다. 우리나라 여성운동의 방향은 우리와 같은 처지에 있는 나라들의 앞선 여성들의 방향으로부터 배워야 합니다.

과학의 고도한 발달은 오토메이션, 전자두뇌(사이버네틱스) 등에 의해 남녀의 사회적 역할 분담을 급속도로 해소해 나갈 것입니다. 현재에 있어서도 몇몇 선진국에 있어서는 사회적 활동과 노동에 있어 남녀의 차이는 현저히 축소되어 있습니다.

성윤리에서 해결해야 할 가장 중심문제는 '성의 상품화' 문제입니다. 성이 상품화되면 성의 아름다움, 신비 등은 타락하게 됩니다. 성의 상품화는 인간 소외의 한 요인을 이루고 있으며 상품화의 결과는 여성의 인격적 소외뿐만 아니라 남성의 자기소외이기도 합니다.

앞에서 단계의 설정을 강조했는데 여성의 본질문제(예: 모성애), 남녀의 능력 차이, 성 모럴 등 모든 문제에 있어서 우리는 문제를 분석하고 해답을 얻으려 할 때 언제나 사회의 전체상을 망각해서는 안 된다는 것을 강조하고 싶습니다. 문제를 전체적, 종합적으로 보아야 한다는 것이지요. 현안의 문제는 전체 문제의 어느 부분에 위치하며 전체와는 어떤 연관성이 있는지를 고려하지 않으면 안 됩니다. 문제를 있는 대로 다 끄집어내어 나열한다고 되는 것이 아닙니다. 동시다발형의 접근을 선택할 것이 아니라 사회적 인과추구형의 접근을 택해야 합니다.

오늘은 이만 하지요. 피곤할 텐데 푹 쉬어요.

1975년 10월 15일

우리들의 가을체육대회는 어제 끝났습니다. 올 봄에는 한 번 걸렀던 관계로 1년 만에 3천 명의 대가족이 작은 운동장에 둘러 앉아 하루를 웃고 떠들며 즐길 수 있었습니다. 당신에게 보내줄 사진을 한 장 찍으려고 요리조리 찬스를 노렸었는데 번잡한 일이 하나 일어나 그만 기회를 놓치고 말았습니다. 다름 아니라 우리가 정성 들여 도배하고 가꾸어 놓은 방으로부터 다른 방으로 전방이 된 것입니다. 궁전에서 빈민굴로 떨어진 기분입니다. 13명이 빼곡히 들어찬 방에서 오늘 두 밤째 자고 있는데 참 많은 것을 느꼈고 반성도 많이 하였습니다. 나는 요즘 지성의 빛을 더해가는 당신의 눈을 사랑하고 있다오. 가슴에 묻힌 그리스도를 향한 간절한 기도의 불덩이가 남몰래 뜨거워 갈수록 우리들의 눈길은 더 착하고 어질고 겸손해져야 할 것입니다. 그렇게 되도록 노력하고 기도드립시다.

1975년 10월 29일

수원에 갔다 돌아와 보니 이틀 전 왔다는 당신의 편지가 저를 반겼습니다. 편지를 통해 당신이 열심히 사는 모습을 읽었습니다. 방을 옮긴 후 아직 안정을 덜 찾은 것 같았고 익숙지 않은 복잡한 생활 때문에 책 읽는 데 좀 지장을 받는다는 인상이었습니다.

당신이 말씀하셨듯이 우리는 어려운 환경 속에서도 밝고 꿋꿋이 살아올 수 있었다는 사실에 감사의 마음이 솟구칩니다. 그러면서도 항상 조심해야 할 것은 유혹이 다른 곳에 있는 것이 아니라 우리의 마음속에 있어서 시시때때로 기회를 틈타 마음을 병들게 한다는 사실을 잊지 말아야 할 것 같습니다.

불우한 환경은 사람을 죄악으로 빠지게 한다는 세상의 논리는 예수님의 삶과 진리의 말씀을 모르기 때문입니다. 저는 항상 일반적인 세상의 논리를 거슬러 올라가는 데 증인이 될 수 있다고 생각하고 있습니다. 예수님의 생애에서 잘 나타나 있듯이 온전히 자기 자신을 잃었을 때 그는 모든 것을 얻었습니다.

1975년 11월 4일

지금은 아침입니다. 11월부터 신학서적을 읽기로 작정한 나의 시간표가 변화된 환경의 후유증 때문에 만족할만한 진도를 보이지 못하고 있습니다. 남들이 잠든 밤 시간을 탐낸 후의 아침인지라 이 피곤한 머리로 당신에게 기쁨과 영감을 안겨줄 편지를 써낼 수 있을지 걱정됩니다. 여기는 겨울 침구와 내의 등이 다 나왔기 때문에 따뜻하게 잠을 자며 요즘 가을무로 끓여주는 신선한 국에 마가린을 넣어 먹을 수 있어 식욕과 몸무게가 상승하고 있습니다.

지난번 당신 편지에 "저는 항상 세상의 일반적인 논리를 거슬러 올라가는 데 증인이 될 수 있다고 생각하고 있습니다"라고 한 구절에 깊은 감명을 받았습니다. "내가 잃었을 때 모든 것을 얻었노라"고 하신 예수님의 말씀을 상기시켜준 대목도 무척 좋았습니다.

수년 전 겨울, 서대문 구치소 앞에서 검은 외투에 수건을 쓰고 버스를 지키고 있던 그 때의 당신의 모습이 지금 갑자기 생생하게 떠오릅니다. 겨울이 다가오고 있는데 계절의 변화는 언제나 우리의 생에 생기와 새 자세를 주었으니 이번 겨울에도 그럴 것으로 믿습니다.

추운 밤 사람들이 이불 속에서 움츠리고 잠든 고요한 감방에서 나는 많은 사고를 생산할 것입니다. 이렇게 마르지 않는 생의 정열을 늘 간직하고 살아갈 수 있도록 끊임없이 연료를 공급해 주시는 예수 그리스도와 그리고 가장 가까운 마음의 벗, 당신에게 진심으로 감사를 올립니다.

1975년 성탄카드

"성경공부 하시는 열다섯 분에게"*

마음을 같이하는 한 식구가 되고 싶습니다.
곧 뵙게 되기를 바라면서 아기 예수 나신 기쁨을 전해드립니다.

한명숙 올림

*박성준은 감옥 안에서 성경을 공부하는 모임을 만들었다.

당신과 꽃핀 들판에 앉아
웃으며 얘기하는 꿈
(1976~1977년)

"당신이 그려 보내주신 고흐의 그림을 액자에 넣어 벽에 걸었습니다. 갈색 틀에 미색 바탕의 종이를 배색하니 마치 어느 유명화가의 그림 같았습니다. 초라한 방이 환해졌습니다."

"지금 내 책갈피에는 어제 개울가에서 따온 솔방울 한 개와 제비꽃 두 송이, 민들레 잎사귀 하나가 들어 있습니다. 언젠가 봄이 오는 날 당신과 함께 들에 나가서 이런 풀잎과 작은 꽃들이 핀 땅 위에 앉아 웃으며 얘기하는 꿈을 꿉니다."

감옥에서 성서연구반을 만들어 신학공부를 하던 박성준과 신학대학원 공부를 하던 한
명숙이 편지를 통해 신학에 대한 서로의 의견을 나누며 깊은 신앙심을 다지는 모습이
보인다. 또한 이 시기는 한명숙이 '크리스찬 아카데미의 무당' 이라는 별명을 들어가
며 열심히 일하던 시기이기도 한데, 심신의 무리가 겹쳐 건강을 잃어가는 때이기도
한다.

1976년 1월 9일

당신이 잘 지적했듯이 '1975년'이란 해는 우리들에게는 참으로 뜻 깊은 해였지요. 우리들의 부부애가 진실한 우정 위에 확고히 자리잡은 해였고 그 우정은 인생과 세계에 대한 공통된 이해를 바탕으로 한 것이었기에 더욱 안정된 것이었습니다.

그리고 당신은 당신대로 나는 나대로 우리는 각자가 서 있는 삶의 자리에서 주 예수 그리스도께로 조금씩 가까이 다가갔습니다. 그 분에 대한 이해를 우리 서로 교환하여 거울 속을 들여다보듯 불완전한 이해나마 키워나가도록 협조하고 노력합시다. 우리는 원형에 가까운 예수님을 찾는 노력에 있어, 아직 예수를 주로 고백할 줄 모르는 많은 사람들—성실·진지하며 선의에 찬 사람들—에게서 더 많이 배워야 한다고 생각합니다. 당신은 나의 이 생각에 동의하시리라 믿고 있습니다.

건강에 더 유의하겠다는 당신의 약속을 감사하게 받습니다. 나도 당신의 간곡한 부탁에 대해 칭찬받을 수 있게 노력하겠습니다. 성경공부반은 잘 되어가고 있습니다. '성서연구회'*의 다음 소식을 간절히 기다리고 있습니다.

* 한명숙은 남편이 감옥에서 하는 성경공부 모임에 도움을 주고자 이현주 목사 등이 꾸리던 서울의 '성서연구회'에 도움을 요청했다.

1976년 1월 12일

병진년이 되고 열두 날째 되는 밤입니다. 새해 들어 복을 지나치게 받은 탓인지 신년 초부터 유행성 감기에 들어서 늘어지게 앓아 누웠습니다. 직장도 결근할 정도였으니 대단한 편이었지요. 이 유행성 감기가 전국을 휩쓸어 앓는 사람이 많고 대개 증상도 비슷합니다. 혹시 당신 계신 곳에도 이런 감기가 돌지 않는지 걱정입니다.

당신께서는 여전히 좋은 생활하실 것이라고 믿습니다. 성경공부도 충실히 하고 계시겠지요. 성경공부에 대해서는 천천히 서두르지 마시길 부탁드립니다. 당신 성격이 매사에 열심이시라 성경공부에도 열성이 대단하신 것 같은데 한두 달에 끝날 것이 아니니 조금씩 조금씩 공부해 나가도록 하시지요. '성서연구회'의 도움도 서로에게 무리 없이 기쁜 마음으로 이루어지길 저는 기도하고 있습니다.

모든 것은 우리의 마음으로 되는 것이 아니고 하나님께서 뜻하시는 대로 되기 때문에 우리는 다만 기도하는 자세로 기다리는 것이 중요한 것 같습니다.

저는 신년 들어 좀 더 조용하고 차분하게 그리고 명랑하게 살고 싶습니다. 교회와 직장 일에 충실하고 아버지의 건강과 집안일에 신경을 써서 보다 밝은 가정생활을 하고 싶습니다. 원철이가 방학에 오면서 꼬마들의 숙원이던 TV를 사왔습니다. 요즘 얼빠진 사람마냥 TV 앞에 앉아서 구경에 여념이 없습니다. 1월 면회는 25일이 지나야 될 성 싶습니다.

1976년 1월 22일

감기에 걸려 앓아누웠다는 말이 과거시제로 써진 것을 보고 안심하였습니다. 또 한 번 당신이 준 충고―매사에 지나친 열성을 경계하라는―는 적시안타였습니다. 나는 당신의 도움으로 간신히 중용을 알게 되는 사람인가 봅니다.

어제 우리 성서연구반은 마태복음 9장을 끝내었는데 모두들 뜻 깊은 대화를 나누었고 많은 것을 얻고 헤어졌습니다. 요즘 전에 느끼지 못했던 생에 대한 감격과 당신과의 우정을 주신 주님께 감사를 드립니다.

꼬마들이 TV를 즐기고 있는 정경이 눈에 선합니다. TV, 그건 필요악이라고밖에 생각되지 않는군요. 아이들의 건전한 사고력과 판단력에 해독이 되지 않아야 할 텐데. 원철 선생*이 잘 지도해주면 문제없을 테지!

어제와 오늘은 몹시 춥군요. 밤에는 추워서 잠을 설치는 사람들이 많습니다. 아버지, 어머니, 동생들이 이 추위에 모두 건강하기를 빌고 있겠습니다.

---

*당시 둘째 동생 한원철은 교사로 발령 받아 인천의 작은 섬에서 근무 중이었다.

1976년 2월 17일

당신 보세요.

요즘 18일까지 내야 되는 이숙이 등록금을 해결하느라 모두 분주합니다. 다행히 10만 원은 학자융자금으로 낼 수 있고 나머지는 장학금으로 해결되고 있어서 생각보다는 돈을 번 셈이지요. 융자를 받는 데 필요한 보증인을 구하는 것이 제일 어려운 작업이군요. 이제 이숙이도 대학생이 되는군요.

당신이 청구한 생일선물 등 이달 안으로 부치리다. 내일 이숙이 등록을 끝내고 20일부터 있는 교육까지 마치면 시간이 좀 날 것입니다. 대학원 숙제도 아직 못한 형편이라 할 일이 산더미 같습니다.

별로 그런 생각 안하고 살았는데 요즘은 돈이 좀 있었으면 좋겠다는 생각이 듭니다. 많이는 필요 없어요. 사고 싶은 책을 살 정도라도……

1976년 3월 18일

편지 받았소. 당신의 생활이 얼마나 숨 가쁜지 상상이 갑니다. 이숙·선숙·원상·원아의 학비를 해결해 내고 "어떻게 그걸 다 해냈는지 꿈만 같다"고 말하는 당신의 표정을 눈앞에 그려봅니다. 정말 수고하였소. 따뜻하고 위로에 넘치는 미소로 당신에게 치하를 보냅니다. 어떤 역경 속에서도 동생들을 공부시켜 인간다운 삶을 주고 싶다는 당신의 훌륭한 뜻과 의지가 그처럼 어려운 일을 해낼 수 있는 힘의 원천이었으리라고 생각하고 있습니다.

당신의 또 한 명의 장학생인 나도 공부 잘하고 있소. 얼마 안 남은 징역살이 중에 빛나는 학문의 '르네상스'가 도래한 듯한 기분입니다. 책 읽을 틈도 없이 일에 몰리고만 있는 당신에게 이런 자랑을 해서 미안하구려.

1976년 4월 20일

이 편지가 당신의 생일날인 4월 23일까지 도착할 수 있기를 바라오. 사실은 금년에도 당신 생일을 깜빡 잊을 뻔하였습니다. 그랬는데 어젯밤 카잔차키스의 소설 『최후의 유혹』을 읽고 있는데 느닷없이 당신의 생일이 다가왔음이 떠올랐소. 달력을 보니 4월 23일. 가까스로 이 편지를 보낼 수 있게 된 것이라오.

당신 생일을 떠오르게 해준 대목은 예수 시대 팔레스타인의 어느 랍비와 성모 마리아의 다음 대화 부분이었소.

"아니에요, 전혀 느끼지 못했어요. 저는 다른 여자들하고 조금도 다를 게 없어요. 저도 모든 여자가 겪는 즐거움이나 걱정 같은 것을 지니고 있어요. 저도 남들처럼 빨래하는 일, 요리하는 일, 물을 긷기 위해서 샘에 나가는 일들을 좋아하거든요. 그리고 이웃 사람들과 즐겁게 잡담을 나누는 일 같은 것도 싫어하지 않고요. 그리고 말예요. 제 가슴은 다른 아녀자들처럼 고통으로 가득 차 있어요." (마리아)

"마리아, 당신은 다른 여자들하고 달라요." (랍비)

1976년 4월 27일

어려움 속에서도 부단히 노력하시는 당신의 생활 자세에 숙연해집니다. 한없는 좌절로 빠질 수 있는 환경, 견딜 수 없이 지루한 단순성, 늘 부딪힐 수 있는 패배감, 이보다 더 비참한 어휘로 표현해도 결코 과장이 아닌 여건 속에서 자기를 지킨 당신의 굳은 의지를 생각합니다. 어려움과 좌절을 생산적이고 창조적인 삶으로 대치시킨 용기와 신앙심을 존경합니다.

어떤 사람에게는 가장 비참할 수 있는 환경을 우리에게는 기쁨과 보람으로 변하게 해 준 주님의 은혜에 깊이 감사를 드립니다. 그리고 우리의 아픔 속에도 주님이 함께 하심을 믿습니다. 당신이 구상하고 있는 학문에 대한 설계 속에도 주님의 역사가 반드시 함께 하시리라 믿습니다. 진심으로 꾸준히 노력하는 자에게 주님께서 열매를 열리게 하십니다. 이것을 믿으면서 당신의 계획을 용기 있게 밀고 나가시기 바랍니다.

그 계획을 실천하는데 저의 역할이 얼마나 중요한 것인가에 대해서는 누구보다 제가 잘 알고 있습니다. 때문에 저의 뒷받침이 지금보다는 좀 더 계획적이고 성실성을 보여야겠습니다. 경제적 부담으로 오는 문제는 어쩔 수 없어도 관심과 노력이 부족해서 발생하는 문제는 앞으로 없게 하겠습니다.

1976년 5월 1일

 그리운 아내에게,

27일에 보낸 편지 받았습니다. 편지를 읽는 중 당신의 강인한 인내력과 일을 처리해 가는 침착성에 존경의 마음을 보냅니다. 그동안 아카데미 분위기 속에서 당신의 몸과 마음에 보이지 않게 스며들었던 비주체적인 요소들이 말끔히 씻겨졌다는 확신을 갖게 합니다.

얼마 전, 우리나라에 왔던 신학자 몰트만 박사가 강연 중에 "나는 누구냐?"라는 질문을 자기 자신에게 던짐으로써 참으로 존경할 만한 반성을 하고 있음을 읽은 기억이 있습니다.

그 분의 말씀 가운데 "이제 교회는 이웃을 위한 교회"로서는 안되고 "이웃의 교회"여야 한다고 했습니다만 이 말을 바꾸어 우리 자신에게 겨누어 보면 나는 '이웃을 위해 사는 존재' '타자他者를 위한 존재'로 머물 것이 아니라 나 자신이 '타자'가 되어야 한다는 것입니다. 이런 의미에서 나는 지금 당신이 겪고 있는 고통은 무한히 값진 것이라고 말하지 않을 수 없습니다.

1976년 5월 9일

내가 사랑하는 남편 보세요.

하나님께서 당신에게 주신 달란트를 썩히지 않기 위해서 창조적인 삶을 소중한 작품처럼 만들고 계신 당신은 손색없는 예술가입니다. 예술을 사랑하는 모든 사람들은 예술가의 훌륭한 작품을 고대하기 마련입니다. 그러나 하나의 작품만이 전부가 아니라 예술가의 삶 자체가 예술일 때 진정한 가치가 살아나는 것입니다.

진정한 예술가의 삶에는 좌절과 포기란 있을 수 없습니다. 성준 씨, 저나 당신이나 우리의 삶 전체가 예술이 될 때 우리는 아마도 마르지 않는 샘에서 흘러나오는 물처럼 영영 목마르지 않고 싱싱하게, 아름답게 창작생활을 할 수 있을 것입니다.

자칫 지치기 쉬운 일상에서 어렵게 사는 나 자신과 당신에게 꼭 확인하고 싶었던 말입니다. 이 세상 모든 사람들이 세속의 즐거움으로 생각하는 것을 뛰어넘어서 우리의 삶에 스스로가 즐거움을 부여했으면 합니다. 필경 우리가 믿는 하나님께서도 우리에게 그런 사람이 되라고 이런 시련을 주신 것이라고 저는 믿습니다.

　행복과 불행은 그리고 고난과 기쁨은 따로 떨어져있는 것이 아니라는 것을 생활을 통해 깊게 얻을 수 있습니다. 당신의 단순한 생활의 지루함을 극복하고 오히려 그 속에서 깊고 조화 있는 생의 철학을 만들어내기를 바랍니다.

1976년 5월 13일

아내에게!

삶 그 자체가 하나의 작품이라면 좌절감 따윈 있을 수 없지 않겠느냔 당신의 말은 몽롱한 내 의식을 일깨우는 가르침이었습니다. 나의 인생이 따로 있고 또 내가 만들어야 하는 작품이 따로 있다고 생각하여 무엇엔가 뒤쫓기듯 초조해 하는 것이 나의 모습이었는데 당신이 그걸 정확하게 지적해 내었습니다. 반성하리다.

"위대하게 되고자 하는 사람은 남을 섬기는 사람이 되고, 으뜸이 되고자 하는 사람은 모든 사람의 종이 되어야 한다."(마태복음 20장 26~27절)

1976년 6월 28일

저의 편지가 너무 늦어져 몹시 걱정하는 편지를 받았습니다. 그동안 수원에서 5일간 교육을 마치고 돌아와 일요일 하루를 쉬었습니다. 채 피곤이 가시기도 전에 내일 다시 성서연구 교육 때문에 수원과 교육원에 갔다가 7월 2일 돌아옵니다.

지금 계획으로는 7월 3일 아침 일찍 당신을 만나고 돌아오는 길로 토요일 수업에 들어갈 생각이지요. 일요일 하루를 쉬고 7월 5일 월요일부터는 대구에 지방교육을 가게 됩니다. 이렇게 하여 8월 1일 휴가 전까지 거의 스케줄이 꽉 차 있습니다.

그동안 저는 산부인과도 다녀와 자세한 진찰을 거쳤는데도 별 이상이 없는 것을 보면 신체적인 고장은 별로 없는 것 같아 일단은 안심입니다. 다만 지나친 과로 때문에 피곤이 쌓였는데도 도저히 쉴 수가 없는 상태여서 문제입니다.

  그렇다고 당신 너무 상상의 나래를 펼쳐서 지나친 걱정은 하지 마세요. 물론 살아가는데 어려운 것이 하나도 없는 것은 아니지만 이제껏 잘 지내왔는걸요. 새삼스럽게 힘든 것은 아닙니다. 고비를 잘 극복해서 제 자리를 곧 찾게 될 것입니다.

  제 일보다는 오히려 당신 성서연구회 일이 훨씬 걱정입니다. 별 뾰족한 수가 없다 보니 그쪽 분들이 크게 실망이나 하시지 않을까 걱정입니다.

  날씨가 지독히 덥군요. 당신도 몸조심하세요. 걱정 끼쳐서 미안합니다.

  추신. 우편번호 꼭 쓰세요. 안 쓰면 벌금 물게 돼요.

1976년 7월 21일

새벽 4시경, 나는 당신에게 몇 가지 약속을 했습니다. 새벽에 눈을 뜨니 나는 8년 전 입소 때와 똑같은 모습으로 냄새가 코를 찌르는 변기통 옆에 누워있었습니다. 희미한 전등불 아래 플라스틱 밥그릇 몇 개 뒹굴고 있고 이름 모를 새가 옥뜰에서 자지러지게 울고 있었습니다. 8년 전 그날 새벽과 모든 것이 똑같았는데 다만 숙이와 준이는 옛날의 그 감상적이었던 철부지들이 아니라는 아주 귀중한 사실입니다.

나는 무릎을 꿇었습니다. 고통으로 점철된 그러나 무한히 감사해야 할 생의 무게가 발목에 걸려왔습니다. 서대문의 하늘 밑*에 자고 있을 내 숙이의 몫과 함께 하나님께 기도하였습니다. "축복을 내려주소서. 호산나!"

나는 구약의 야곱처럼 하나님과 씨름하였습니다. "호산나! 호산나!" 십자가에 이 유한히 죄 많은, 능력 없고 이기적이며 비겁한 나를 쾅쾅 못 박았습니다. 다시는 비겁해지지 말게, 다시는 그리스도 앞에 죄를 짓지 말게…….

비로소 36년간의 슬픔과 좌절, 패배, 나약함은 밝아오는 새 삶의 소망으로 대치되었습니다. 강렬한 기쁨의 불꽃이 가슴에서 활활 타고 있었습니다.

---

*박성준은 어느 지인의 사건에 증인으로 소환되어 서울 법정에 출두했다가 서대문 구치소에서 하룻밤을 보냈다. 서대문 구치소는 박성준이 1968년 처음 구속되었을 때 1년 반 동안 수감되었던 곳인데, 8년 만에 다시 그곳에서 하루를 보낸 뒤 쓴 편지다.

1976년 8월 5일

한가한 오후입니다. 햇볕은 강하고 창문을 활짝 열어도 바람 한 점 없습니다. 아버지는 마당에서 바람을 찾아 기웃거리시고 엄마는 원아를 데리고 시장엘 갔습니다. 말끔히 방을 치워놓고 그 방 한가운데 밥상을 펴놓고 지금 이 편지를 쓰고 있습니다.

방금 원상이가 문고판으로 된 조그만 책을 하나 사들고 들어오는군요. 물어보니 『삼국사기』라는군요. 어제 원철이가 돌아와서 두 꼬마에게 500원씩 주었는데 그 돈으로 책을 산 것입니다. 원아는 극장 구경을 가겠다고 어디다 꼭꼭 쑤셔 박아 두더군요.

요즘 저는 집에 있으면서 힘든 엄마를 도와 자주 설거지도 하고 빨래도 하고 청소도 하며 집안일을 조금씩 돕고 있습니다. 집안일은 해도 해도 끝이 없습니다.

지난번 당신의 편지를 생각합니다. 어쩌면 우리는 완전하지는 못해도 꽤 훌륭한 조각가가 될 것 같기도 해요. 단단한 돌에 쐐기를 박고 손질한 지도 거의 10년을 바라보는데 이제 그 형상이 드러나는 것 같지 않아요?

울퉁불퉁 제 멋대로 생긴 얼굴에 개성이 짙고 눈매의 표정이 인상 깊고, 빙그레 웃는 얼굴에 성숙미가 흐르는 그러한 조각상이 떠오릅니다. 이 조각 작품을 저는 당신의 모습과 비교하기를 즐겨하고 어쩐지 당신을 닮은 것 같다는 생각을 합니다. 결국 제가 그리는 박성준을 제 마음속에 투영해 싣는 것이 아닐까 생각하기도 합니다.

이러한 공상의 나래는 아무리 길어도 지루하지 않습니다. 특히 요즘 더 심한 편이지요. 혼자 생각하고 혼자 웃고 혼자 자랑하는 사이에 오늘도 훌쩍 하루가 지날 것 같습니다.

당신이 귀휴를 얻어 나올 수 있다면 조용한 산 속에 마주앉아 하루 종일 쳐다보고 얘기하는 시간을 마련하고 싶어요. 형기 중 반을 넘기고 나니 '당신이 나오시면' 하는 말이 가정이 아니라 이제 곧 다가올 것 같은 기분에 괜히 마음이 바빠지고 분주합니다. 이제부터 '당신이 나오시면' 하는 제목을 놓고, 노트에 구체적이고 현실적인 많은 문제와 준비를 적어놓을 계획입니다.

1976년 11년 29일

🖋 열흘간 휴가를 얻어 졸업논문을 쓰게 되었다니 다행이군요. 추운 날씨에 건강관리를 잘 하자는 당신의 말, 마음에 간직하겠습니다.

오늘은 우리 작업실 분위기를 소개할까 합니다. 작은 방에 책이 상당히 꽂혀있고 주전자 버킷 식기 등 식사도구도 서가 밑에 진열되어 있습니다. 사방 벽에는 최근에 우리들이 그린 그림들이 즐비하게 걸려있습니다(내가 그린 것도 2개쯤).*

북향이라 빛이 잘 들지 않고 바람이 차지만 우리들의 방은 밝기만 합니다. 다 큰 어른들이 밖에도 못 나가고 이 구석 저 구석 차지하고 앉아서 글씨를 쓰거나 그림을 그리느라 끙끙거립니다. 묵향 냄새와 유화의 물감 냄새가 홀아비 냄새를 이기고 있습니다.

나는 그림을 그릴 때 제 흥에 겨워 콧노래가 나오는데 옆에 분들에게는 방해가 안 되도록 코를 틀어쥐지 않으면 안 될 형편입니다. 내가 그림물감에 얼마만큼 반했는지 당신은 상상도 못할 거외다. 여러 색을 섞어서 드디어 찾고 있던 색을 만들어 흰 캔버스에 칠해 갈 때의 놀라운 기쁨! 눈이 빛나고 입술엔 침이 맴돌고…… 당신과 함께 꼭 한번 해보고 싶은 놀이라오.

여기도 두 번이나 눈이 내렸습니다. 게다가 첫눈은 눈송이가 커 다란 함박꽃 같았습니다. 어찌 당신 생각을 아니 하였으리오! 그럼 만나는 날까지 안녕.

---

*당시 박성준은 교도소 서화반에서 일했다.

1976년 12월 23일

보고 싶은 당신께,

보내주신 그림과 글씨 '아름다운 우리 집'과 '賀正'! 얼마나 흐뭇한 선물이었는지 모릅니다. 우리 집은 벌써 선숙이가 판넬을 해 벽에 붙여 놓았습니다. 그림의 내용과 색상과 솜씨가 모두 훌륭했습니다. 저는 그림을 잘 볼 줄 모르지만 그래도 당신의 '우리 집' 그림은 당신의 꿈과 정열이 잘 표현된 것 같아서 어느 누구의 그림보다 저에겐 소중하게 느껴집니다. 팔을 힘껏 벌려 "하늘과 땅"만큼 잘 그렸다고 칭찬하겠습니다. 저 그림을 들고 여기저기에 자랑을 하러 다닐 생각입니다. 우리 남편이 이렇게 좋은 선물을 했다고요. 엄마와 우리 집 꼬마들은 형부·매부에게 크레파스·물감들을 많이 사서 보내라고 야단입니다.

23일은 우리 결혼한 날. 옛날 그 촌스러운 사진을 하나 둘 꺼내보

면서 10년 전 생각을 떠올렸습니다. 힘 있고, 밝고 철없던 그 시절
에서 오늘에 이르기까지 당신과 저는 부끄럼 없이 살아왔지요. 있
는 힘을 다해서 훌륭한 작품을 만들려는 돌 쪼기를 쉬지 않았지요.

쉽게 널려 있는 세상의 재미를 주우려 하지 않았고 우리는 우리
의 것을 만들려고 지금도 땀을 흘리고 있군요. 우리는 서로가 고통
스러웠지만 멋있었어요. 우리가 이렇게 지낼 수 있도록 힘을 주신
주위의 모든 친구들과 우리 주님께 감사를 드립니다.

앞으로 남은 기간은 우리가 만날 날을 위한 구체적인 준비기간으
로 삼으면 좋겠습니다. 이해를 보내면서 마지막으로 고통과 혼돈과
피로를 큰 보따리에 싸서 집어던져버리는 기분입니다. 꼭 그렇게
하겠습니다. 멀리 던져버리고 새해부터는 건강하게 밝게 온유하게
평온을 찾겠습니다.

1976년 12월 20일

사랑은 서로 마주 보는 것이 아니라
같은 곳을 바라보는 것이다.
着目하는 곳이 멀면 視野는 자연 넓어지는 법,
그 곳의 風, 光, 人, 情이 우리들의 값어치이다.

숙이, 76년의 마지막 달이 저무오. 당신을 아내로 맞이한 지 아홉 해가 되었구려. 당신의 건강이 나빠졌다는 소식을 접한 나는, 맹수처럼 신음하며 이 12월을 견디고 있소. 23일에는, 지난번에 적어 보낸 처방대로 한약을 지어 잘 달여서, 한 방울 한 방울이 숙이에 대한 준이의 수혈이라고 생각하고 마시도록 하오. 새해가 오면 봄도 가깝겠지요. 건강한 당신을 껴안게 될 그 봄날을 나는, 눈부셔하며, 가까이 보고 있소.

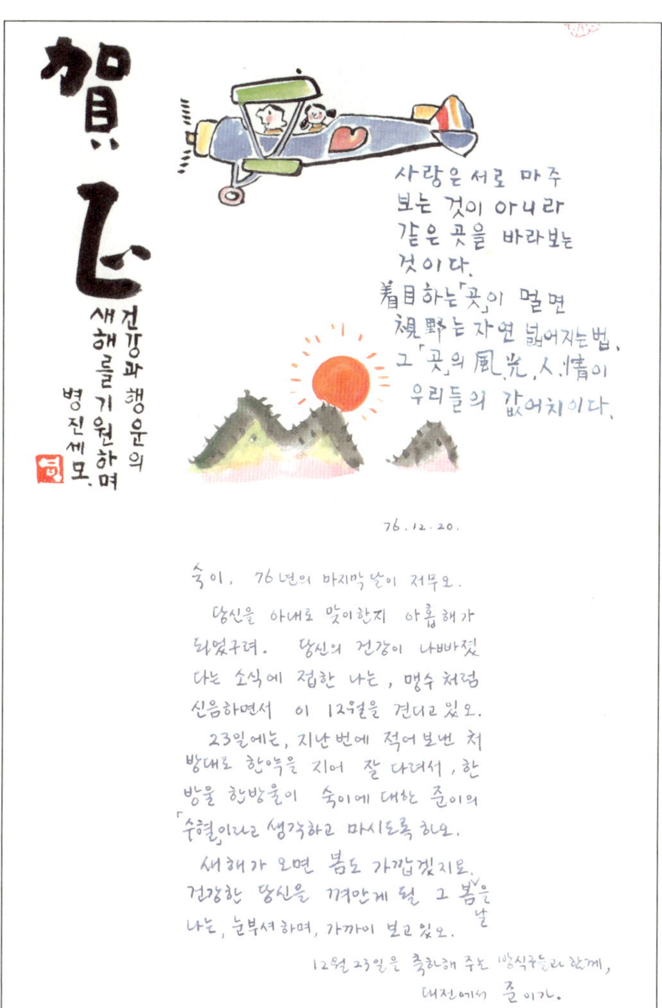

* 박성준이 결혼기념일(12월 23일)을 축하하며 아내에게 보낸 편지. 이 편지의 그림은 당시 박성준의 서화반 동료가 그린 것이다. 편지글에 나오는 '처방' 이란, 건강이 나빠진 아내를 위해 그가 한의학에 조예가 깊은 감방 동료로부터 받아 보낸 한약 처방전을 말한다.

1977년 3월 1일

밖에는 비가 옵니다. 너무나 가물어서 모두들 근심이었는데 반가운 비가 오고 있습니다. 모질게 추웠던 겨울이 이제 가버리고 제법 봄차림이 어울리는 날씨입니다. 이번 겨울은 당신 정말로 수고 많이 하셨습니다. 모두들 애쓰셨어요. 어렵고 가난한 사람들을 위해서 이런 추위는 다시 오지 않았으면 좋겠습니다.

2월 26일은 저의 졸업식이었습니다. 16명의 대학원생이 졸업하는 조촐한 이색적인 졸업식이 수유리 한신대학 강당에서 있었습니다. 저를 위해서 엄마와 선숙이, 이숙이, 원상이가 꽃다발을 가지고 축하하러 왔었습니다. 즐겁고 재미있는 졸업식이었습니다.

원철이가 집에 와있습니다. 28일에 인천으로 발령을 받았습니다. 이제부터는 섬에 가지 않고 집에서 출퇴근하게 되었습니다. 잘된 일입니다. 원상이와 이숙이도 등록을 마쳤습니다. 가장 어려운 일을 마친 셈입니다.

몸이 약해진 이후로는 피곤을 오래 견디지 못합니다. 기력이 없어서 전처럼 씩씩하지 못합니다. 원장님 귀국 후에 휴가를 좀 얻을까 합니다.

머리를 짧게 잘랐습니다. 꼭 선머슴 같은 인상입니다. 머리를 잘랐더니 씩씩하고 발랄해보여 좋습니다. 곧 뵙게 되기를 바라면서…… 안녕히 계세요.

1977년 3월 23일

어제와 오늘 당신을 기다리고 있습니다. 목욕도 하고 손톱도 자르고, 전날에는 책 보는 시간보다 생각하는 시간을 늘리고 잠도 충분히 자두고……. 이렇게 한 달에 한 번 숙이를 만나는 행사를 준비하고 있습니다. 징역살이의 피곤과 우울의 먼지를 떨어버리고 되도록 밝게, 되도록 온화하게 당신을 만날 수 있도록 노력하는 것입니다.

하지만 혹시 오늘 또 당신이 못 올지 모르기 때문에 오늘 성서연구반에 올라가는 길에 몇 자 간단히 적습니다.

건강은 어떠합니까? 당신이 건강만 해준다면 참 좋겠습니다. 요즘 내내 그 생각만 하고 있습니다. 어떠한 경우와 처지에서라도 건강만은 꼭 지켜주십시오. 다른 것을 좀 양보하는 일이 있더라도 건강을 모든 일의 우선으로 여겨주십시오.

당신 공부의 진도에 관해서도 알고 싶습니다. 당신이 나에 대해 궁금한 것처럼 나 역시 그렇습니다. 만일 금년에 귀휴가 실현되면 서로에 대한 궁금증을 모두 풀 수가 있겠지요.

미안하지만 비타민과 용돈이 떨어진 지 좀 오래되었습니다.

1977년 4월 6일

제가 보낸 영치금 받으셨는지 궁금합니다. 어제는 식목일이었지요. 식목일이 되면 늘 묘목을 한 짐씩 짊어지고 나무를 심던 옛일들이 떠오릅니다. 어제는 특별히 날씨가 좋아 밖으로 뛰어나가고 싶었지만 다음 날 피곤할 것을 생각하니 용기가 안 나 그냥 주저앉고 말았습니다.

덕분에 오랜만에 앉아 조용히 강의 준비도 하고 당신이 그려 보내주신 고흐의 그림을 액자에 넣어 벽에 걸었습니다. 갈색 틀에 미색 바탕의 종이를 배색하니 마치 어느 유명화가의 그림 같았습니다. 초라한 방이 환해졌습니다.

이 보잘 것 없는 집도 매년 10만 원씩 세를 올려왔는데, 올해는 30만 원을 더 내라니 걱정이 눈앞에 닥쳤습니다. 하기야 요즘 작은 방 하나에 50만 원 안 주면 얻을 수가 없는 형편이니 우리 집도 그렇게 올리는 게 무리는 아닙니다. 이러한 어려움 속에서 이 세상에 많은 집 없는 사람들의 심정을 이해하게 됩니다. 작고 초라하더라도 집 한 채 갖는 게 엄마의 꿈인데 그 꿈은 멀기만 하니 송구하기 짝이 없습니다. 당신은 공짜로 큰 집에 살고 있으니 복도 많지 뭐유!

1977년 4월 11일

날씨가 따뜻해져서 이곳의 우리도 얇은 옷을 타 입었습니다. 여기 담 안의 생활에는 일 년 중 두 계절이 있을 뿐입니다. 긴 겨울과 지루한 여름. 산뜻한 봄옷 차림의 당신을 솜옷을 입은 모습으로 맞이할 수밖에 없었던 것이 부끄럽진 않지만, 유감스러운 일이었습니다.

귀휴를 위해 꾸준히 노력해 주십시오. 나도 노력하겠습니다. 새로 오신 소장님께도 인사 편지를 올리도록 해 주십시오. 저번에 넣어준 책은 대단히 유익했습니다. 진실하게 사는 분들의 진실이 담긴 글을 읽으며 몇 번이나 뜨거운 공감의 인사를 드렸는지 모릅니다.

보내주신 돈 잘 받았습니다. 이 돈이면 5월까지 충분합니다. 매달 돈을 부치기가 어려우면 두 달에 한 번씩 보내주어도 좋습니다.

당신 요즘 경제적으로 쪼들리고 있지요? 생활비 투정을 했던 것 후회하고 있습니다. 만일 귀휴가 가능해진다면 친구들에게 장기차관을 도입해야 할 판입니다. 며칠이라도 당신을 좀 호강시켜 주고 싶으니까.

당신을 날이 갈수록 더 사랑한다고 말하고 싶소.

1977년 4월 20일

가벼운 봄옷으로 갈아입으셨다니 훨씬 날렵해 보이겠군요. 하지만 아직 날씨가 쌀쌀합니다. 건강 잃지 않도록 조심하십시오.

오늘은 유난히 편지를 정성스럽게 쓰고 싶어서 엎드려 쓰다가 엉망이 된 봉함엽서를 구겨버리고 일어나 앉아 새로 쓰고 있습니다. 저의 정성과 마음을 전하고 싶어서입니다.

날이 갈수록 저를 사랑한다고 말하고 싶다는 당신의 말씀이 제 가슴 깊숙이 저며듭니다. 당신이 귀휴를 얻어 저와 함께 며칠을 보내게 된다면 우리들 삶에는 어떤 변화가 일어날까요? 새로운 생명을 얻은 사람처럼 눈빛에 총기가 생길까요? 무엇이 어떻게 될지, 어떤 일들이 일어날지 상상이 안 가는군요. 이런 얘기를 횡설수설하는 걸 보니 아마도 저 자신이 당신의 귀휴 때문에 조금은, 아니 꽤 많이 설레고 있나 봅니다. 아름답고 유익한 기회를 가질 수 있도록 진심으로 기도드리겠습니다.

가끔 삶이 피곤할 때는 당신의 연서가 무엇보다 필요합니다. 가끔 한밤중에 편지를 쓰도록 해 보세요. 남이 보면 조금은 부끄러운 말들을 쓰고 싶을 때가 있을 거예요. 전에 우리들이 철없이 즐겨 쓰던 말들처럼 좀 낯간지러운 말들이 듣고 싶어질 때가 있습니다. 지금도 잠자리에 눕기 전 한밤중입니다. 자기 전에 당신께 뽀뽀를…….

1977년 4월 28일

어제는 야외 참관을 나가면서 27일에 오겠다고 한 당신 편지 때문에, 혹여 당신이 헛걸음이라도 할까 싶어 온종일 마음은 당신에게 쏠려있었습니다. 아침 10시에 떠나서 오후 4시 30분에 큰집에 돌아왔는데 방에 들어서니 면회 호명이 없었다고 알려주는 사람이 있어 한숨 놓았습니다.

지금 내 책갈피에는 어제 개울가에서 따온 솔방울 한 개와 제비꽃 두 송이, 민들레 잎사귀 하나가 들어 있습니다. 언젠가 봄이 오는 날 당신과 함께 들에 나가서 이런 풀잎과 작은 꽃들이 핀 땅위에 앉아 웃으며 얘기하는 꿈을 꿉니다.

이번 당신의 편지를 읽고 나서 고된 생활에 지치고 시달린 당신에게 따스한 위로를 보내지 못해온 내가 무척 이기적인 사람이 아니었나 생각했습니다. 굳이 이유를 댄다면 자주 변화하는 환경, 밤에 편지를 쓸 수 없는 조건, 기껏 옮겨 놓은 글이 "이 시린 절망과 기다림"을 천분의 일, 만분의 일인들 표현할 수 없도록 한계 지어진 관인 봉함엽서…….

얼마나 간절한 말들이 엎질러질듯, 엎질러질듯 가슴 속에서만 넘실거리다가 조용해지는지 당신은 알고 계시리라 믿습니다. 이성부 시인의 시 한 구절 남깁니다.

"그대가 깊은 밤 혼신渾身의 힘으로 간추린 이 한 마디 말씀을
나 또한 깊은 밤에 이렇게 엿듣고 있나니,
이렇게 이렇게 가슴이 뛰나니……."

1977년 5월 27일

여러 날 동안 답장을 못했습니다. 낮 동안의 더위와 아침저녁의 쌀쌀함이 많은 사람을 병나게 만들고 있습니다. 밖에서는 요즘 자칫 몸조리를 잘못하면 독감세례에 오랫동안 고생하게 됩니다. 목이 붓고 열이 심해 이삼 일은 자리를 깔고 누워야 되는 심한 독감입니다. 당신뿐만 아니라 약과 의원이 없는 거기 계신 모든 분들 병에 걸리지 않도록 예방하시기 바랍니다.

저는 이번 주 안에 제가 왜 건강을 잃었는지(특히 정신적, 심리적 좌절) 차근차근 생각해서 그 원인을 조목조목 써놓고 그 해결책을 구체적으로 현실적으로 찾아내려 합니다. 이런 상태로 오래 지낸다는 것은 저 자신에게나 주위 사람들에게나 모두 손해이므로 어떤 계기를 맞아 극복해야겠습니다. 앞으로 건강 회복에 최선을 다하려 합니다.

다음 달 특별면회*의 기회를 당신과 보다 여유 있게 맞이하려고 무척 노력합니다. 하지만 6월이 유독 스케줄이 꽉 짜여 틈내기에 어려움을 겪고 있습니다. 우선 저에게 가장 좋은 날은 6월 28(화)일입니다. 그러니까 월요일(27일) 오후 면회를 하고 대전에서 하룻밤을 지낸 후에 화요일에 당신과 만날 수 있기를 바랍니다.

하루라도 빨리 6월 28일 우리의 만남이 왔으면 좋겠습니다. 당신의 상세한 편지 기다리겠습니다. 더워지는데 몸조리 잘하세요.

---

*박성준에게 모범수에게 주는 장시간 특별면회가 허락되었다.

1977년 6월 15일

소중한 우리들의 만남을 앞둔 이 6월이 숨 가쁘게 바쁜 시간 표로 물샐 틈 없이 짜여있다니, 쯧쯧……. 우리가 결혼하던 전날 밤 당신과 함께 있어주지 못하고 입시준비생*과 마주 앉아 있어야만 했던 일이 생각납니다. 내일 바닷물이 일어나 땅을 덮는다 해도 오늘 우리는 현실을 살아야 하는 것입니다.

만남을 위해서 몇 가지만 말씀드립니다.

· 옷은 빌리도록 하시고 다음 치수를 참고하십시오.

  상의(어깨 19인치, 가슴둘레 41.5, 팔 길이 25, 기장 26)

  하의(허리둘레 31.5, 히프 40.5, 기장 38, 다리 길이 29, 부리 9)**

  꼭 이대로 맞아 떨어져야 하는 것은 아니니까 어깨넓이, 허리, 하의 기장만 맞는 것으로 적당히 빌리십시오(전당포에서 빌려

준다고 함).

• 전날 면회는 시간을 여유 있게 가지고 싶습니다.
27일 저녁에 당신이 기숙할 수녀원에는 미리 간단히 알려두시
는 것이 좋겠지요.

모두 합쳐 6시간 남짓의 시간일 거라고 예상되는데 이걸 가지고
어떻게 쓰면 가장 멋진 만남을 꾸려낼 수 있을지. 10년 가까이 헤어
져 있는 동안에 우린 많이 변했겠지요? 얼마나 많은 것을 잃고, 또
얼마나 많은 소중한 것들을 새로 얻고 있는지를 확인해 봅시다.

우리 그날, 옛날의 소꿉놀이와 밀어를 죄다 잊어버렸음이 밝혀진
다 해도 서운해 하지 말고 건강한 새 언어로 내일을 억척스럽게 설
계합시다!

---

* 입시준비생 과외를 하느라 결혼 전날 같이 있지 못한 것을 이름.
** 대전교도소 안에는 목공장, 인쇄공장, 염색공장, 양재공장 등 여러 개의 공장들이 있었다.
박성준은 옷을 재단하고 만드는 양재공장에 출역하는 친구에게 부탁하여 옷 치수를 쟀다
고 한다.

1977년 6월 22일

보내주신 편지 잘 받았습니다. 옷 치수는 퍽 도움이 되었습니다. 원철이 바지를 놓고 엄마와 나랑은 자로 치수를 재고 선숙이는 인치를 센티미터로 계산하고 한창 법석을 떨었습니다. 어쨌든 오랜만에 만나는 6시간의 순간을 앞에 두고 우리 둘뿐만 아니라 주위의 아는 모든 사람들이 좋아하고 있습니다. 예정대로 27일 오후 3시경 면회하고 수녀원에서 자고 28일 만나려 합니다. 옷은 27일에 보내 드리겠습니다.

준비한 것은 ①러닝 · 팬티 · 양말 ②바지(원철이 것) ③남방 ④모자 ⑤샌들(요즘은 남자도 여름에 샌들을 많이 신으니 부끄럼타지 말고 그걸 신으세요).

저는 이번 만남에 대해 너무 큰 기대도 희망도 두지 않습니다. 늘 만나던 것보다 약간 긴 시간, 좀 더 가까이 만난다고 생각하고 있습니다. 그래서 저도 당신도 극히 자연스러웠으면 합니다. 하고 싶던 얘기를 오래할 수 있는 기쁨을 누리게 되기만 바랄 뿐입니다.

1977년 6월 28일

당신 보세요.

나의 한쪽 어깨 위에 얹힌 커다란 가방이 우리의 만남을 재촉했는데 아쉽게도, 약속이 깨어지고 말았군요.* 아마 그것은 내 탓도, 당신 탓도 아니라고 생각합니다. 약속이 깨어진 일은 세상사 흔히 있는 일입니다.

옥살이 10년 만에 만나는 단 6시간의 만남이 깨어진 것은 하나님이 계산을 잘못하신 것 같습니다. 몹시 속이 상하고 화가 났지만 당신과 우리를 위해 애써주는 그곳 분들을 당황하게 할까 봐 참아버렸습니다.

제가 실망해 할까 봐 당신이 먼저 흥분해 버렸기 때문에 도저히 저까지 그런 감정에 합세할 수가 없었습니다. 그러나 일단 그 사실을 알고 난 이후에는 별다른 감정은 없었고 왠지 모르게 곧 다시 만날 수 있을 거라는 확신이 섰습니다. 하나님께서 반드시 우리 두 사람에게 만날 수 있는 권리를 허락해 주시리라 믿습니다.

집에 도착하자 식구들이 모두 놀라며 의아해 했지만 제가 워낙 지쳐있어서 좀 연기된 것이 오히려 잘된 것이라고 위로해 주었습니다. 덕분에 저는 오늘 집에서 늦잠을 자며 쉬고 있습니다. 몸살기가 거의 가시고 얼굴도 나아졌습니다.

곰곰 생각해 보니 핸섬하게 차린 당신 모습도 보고 좋은 점도 많았던 것 같습니다. 당신 머리는 기왕에 힘들여 길렀으니 조금만 더 보관을 하시지요. 그리고 특별히 고마웠던 것은 그곳에 계신 분들이 우리에게 주시는 따뜻한 마음이었습니다. 제가 퍽 감사해 하더라고 전해주시기 바랍니다.

집에 와서 토마토를 먹고 있노라니 방 식구들께 아무것도 못 넣어드린 것이 생각나 미안한 마음 감출 수 없습니다. 다음에 가면 맛있는 것 많이 넣어드리도록 약속드리겠습니다.

*그날 예정되었던 장시간 특별면회가 갑자기 취소되는 바람에 두 사람은 만나지 못했다.

1977년 7월 5일

당신 보십시오.

그대의 편지 얼마나 고마웠는지! 기다렸던 만남이 수포로 돌아가 버린 날에도 그처럼 부드러운 연둣빛 잎새 같은 편지를 보내준 당신을 나는 놀라운 눈으로 바라보게 되었습니다. 그리고 그날 이곳에서 당신이 보여준 조용하고 의젓한 자세를 마음속으로 존경하지 않을 수 없습니다.

오늘 이발소에 가는 날이었기에 머리를 빡빡 깎아버렸습니다. 그러고 나서 당신 편지가 도착했는데 "기왕 기른 머리는 조금만 더 보관해 두라"고? 아차! 그러나 당신은 내가 걸치고 있는 옷의 아름다움이나 머리털의 길고 짧음으로 나를 바라보는 사람이 아닌 것을 알기 때문에 아무렇지도 않습니다. 하하.

나 요즘 붓글씨를 열심히 쓰고 있습니다. 언젠가 귀휴가 주어지는 날 당신에게 주고 싶은 시조 한 수와 한시 한 수를 쓰고 있습니다. 한시는 서경덕의 〈설야시雪夜詩〉입니다.

"冷積千山雪 高明一天月 庭前獨步人 意思価淸越"*

　뾰족한 필봉에 온 정신을 집중시켜 한 획 또 한 획……. 이윽고 흰 화선지 위에 새까만 글씨가 자태를 드러낼 때 더위도 목마름도 잊고, 오로지 당신에게 향한 순정만이 가슴에 가득 고입니다.

---

*산에는 눈이 차갑게 쌓여있고 / 하늘 높이 달이 빛나네. / 뜨락에 홀로 걷는 사람 있으니 / 사념 없는 맑은 생각에 빠져드네.

1977년 9월 19일

일요일 예배시간 '교우소식 전하기'에서 강 목사님은 많은 시간을 할애하여 박성준이란 사람에 대한 느낌을 말씀하셨습니다.

"우리 교회에 열심이었던 청년이 10년 동안 감옥 속에서 불행한 조건을 강한 의지로 이겨서 대학원 과정의 신학공부와 4개 국어를 할 수 있는 능력을 키우며 생과 싸우고 있습니다. 그리고 우리 교회는 그를 오랫동안 잊고 있었으나 그는 그 속에서 교회를 위해 열심히 기도하고 있었습니다. 그를 대하면서 깊은 감격을 느꼈습니다. 우리도 그를 기억합시다."

거의 10년 만에 목사님을 처음 뵌 느낌이 어떻습니까?* 저는 밖에서 특별면회 수속이 생각보다 늦게 되어 성미 급한 목사님 옆에서 여간 불안하지 않았습니다. 그래도 잘 참으시며 저에게 잘해주시려고 계속 당신 소식을 물어보셨습니다. 제 욕심 같아서는 목사님이 좀 더 긴 시간 앉아서 오랫동안 쌓였던 얘기를 하고 당신 하소연도 들어주셨으면 했는데 시간이 여의치 않아 당신이 좀 아쉬웠을 것이라 느껴지는군요.

여러 가지로 목사님께 고마웠습니다. 당신 마음도 저와 똑같을 거예요. 돈을 더 넣고 싶으셨는데 5천 원 이상은 규정에 어긋난다고 거절당한 게 몹시 아쉬웠나 봐요. 그리고 늘 당신이 건강하다고 말한 저를 야단치시면서 당신 몸이 허약해진 것 같다고 걱정하셨습니다.

저보고 늘 연애를 해야 한다고, 그래야 사람 된다고 주장하셨는데 그 견해가 바뀌셨답니다. "얘, 네 신랑을 보니까 너 연애하면 안 되겠더라." 이렇게 말씀하시더군요.

선숙이는 내일 체력장입니다. 기운 내라고 쇠고기 사들고 들어와 저녁식사를 했습니다.

날씨가 쌀쌀합니다. 방 식구들께 안부 전해주세요.

---

*강원룡 목사가 대전교도소로 박성준 면회를 간 것을 말함.

1977년 10월 14일

창살 사이로 보이는 하늘은 눈이 시리도록 푸릅니다. 두어 뼘의 따뜻한 햇볕이 벽을 따라 가다가 창틈으로 빠져나갔습니다. 오전 10시 30분, 하루 중 가장 아늑한 시간입니다. 그간 무엇을 하고 어떻게 지내고 있습니까? 건강은 어떠하신지? 조금 사이가 뜨게 편지가 오가게 된 것은 무척 바쁘기 때문이겠지요?

우리는 지난 10월 11일 가을체육대회를 가졌습니다. 전에도 당신에게 이곳 체육대회의 모습을 전한 적이 있었지만 이곳의 체육대회 날 풍경은 다른 데서는 볼 수 없는 아주 색다른 것입니다.

찜뿌, 땅탁구, 공받기* 등을 하는 우리들만의 놀이터는 흰 횟가루 백선으로 선명한 '스타디움'으로 변하고, 높은 담으로 재단裁斷된 동그라미 하늘에 비둘기 손님들이 날아와 이색적인 잔치를 축하라도 하는 듯 고운 원무圓舞를 보여주었을 때 운동장을 빽빽하게 에워싼 푸른 수의囚衣의 관중들은 목을 젖혀 넋을 놓았습니다. 아침 햇살에 비둘기 떼가 흰 날개를 은가루처럼 반짝이며 하늘을 누비는 광경을 보는 것은 참으로 유쾌합니다.

이곳의 체육대회를 당신이 와서 보면 아마 감동으로 가슴이 꽉 메어질 것입니다. 나는 지금도(벌써 10년째지만) 코끝이 찡해지는 감동을 느낍니다. 종이로 만든 탈을 쓰고 양은그릇을 두들기며 신나게 돌아가는 응원단, 온몸을 검댕으로 칠하고 머리에 큰 도깨비 뿔을 달고 트위스트를 추는 가장행렬…….

밑바닥 사람들만이 가지고 있는 끈적끈적한 에네르기가 형식도 없는 율동으로 강렬하게 전개됩니다. 1년에 한 번 운동장에 나와 앉은 병사病舍와 여사女舍의 식구들은 모처럼 햇볕을 실컷 쪼여 볼 수 있는 절호의 기회를 가집니다. 내 옆에 앉은 노인은 목욕이나 하듯 상반신을 들어 내놓고 금싸라기 햇볕을 즐기고 있었습니다.

여사女舍에서 나온 식구들은 넓은 세상(?)에 나와서 남자들이 벌이는 경기를 구경하느라 눈부신 햇빛에 가늘게 눈을 뜨고 열심히들 재잘대면서 하루를 즐기고 있었습니다. 여인들만의 오만한 아름다움도, 멋진 몸매를 돋보이게 할 의상도 없이 수의에 싸인 여인들을 보고 있자니 어째서 그런지 자꾸만 당신 생각이 나서 나는 견딜 수 없이 마음이 아팠습니다.

이 가을, 당신이 자꾸 보고 싶어집니다.

---

*찜뿌–일종의 간이 야구 게임. 방망이 없이 주먹으로 친다.
땅탁구–탁구대 없이 땅에다 금을 그어 놓고 낮은 자세로 허리를 굽혀 치는 탁구. 공은 연식 정구공을 사용하고 나무판자로 만든 탁구채로 친다.
공받기–큰 사각형의 공간 안에 들어간 사람들을 배구공을 던져 맞히는 게임.

1977년 10월 24일

바쁜 일손을 잠시 멈추고 남의 눈을 피해 당신의 편지를 읽었습니다. 이 편지를 받고서야 비로소 이렇게 오래 소식을 전하지 못한 것을 알았습니다. 우선 제게는 별일이 없다는 것을 알려드리고, 컨디션이 좋지 않은 것은 이제는 거의 회복되어가니까 안심하시기 바랍니다.

어제 교육평가회에서 저는 너무 일에 욕심이 많아 자기 몸을 생각하지 않는다고 집중적으로 비판을 받았습니다. 깊은 반성을 하고 몸을 돌보는 데 게으름을 피우지 않겠다고 약속했습니다.

자주 아픈 것도 일에 지장이 있을 뿐만 아니라 남에게 부담을 준다고 생각하니 더욱 더 정신 차려서 건강에 힘써야겠다는 생각이 들었습니다. 같이 일하는 사람들이 진심으로 저를 아끼고 저의 건강을 염려해주기 때문에(특히 당신의 바람이 크기 때문에) 한시도 소홀히 할 수가 없습니다.

가을의 깊은 우수도 느낄 사이가 없이 벌써 10월이 넘어가고 있습니다. 이번 당신의 편지에는 가을의 냄새가 흠뻑 담겨져 있습니다. 자동차 소음에 휩싸여 고층건물 한구석에서 탁한 공기를 마시며 끊임없이 머리를 움직여야 하는 이곳의 창백한 광경과는 비교도 안 되는 세계인 것 같습니다. 그 속에 섞인 당신의 모습을 그려보면서 코끝 찡한 감동을 느껴보려 했습니다. 당신도 한번 제 모습을 상상해 보세요.

가난하지만 열심히 일하는 아직 나이 어린 여성들과 같이 먹고 자고 배우고 가르치면서 늘 감동에 빠져서 눈물이 헤픈 사람처럼 되어버린 저를 머릿속에 그려보세요. 일에 묻혀 그 속에서 얻는 보람 때문에 저의 삶이 지탱되는 것 같습니다.

당신에게 많은 걱정을 끼쳤기 때문에 그 몫을 갚는 뜻에서라도 앞으로는 더 잘해야 되겠어요. 운동회도 했으니 알맞게 그을린 피부에 건강한 모습을 기대해 봅니다. 빨리 만나고 싶군요.

1977년 10월 31일

이번 면회는 좀 허전한 뒷맛을 남겼습니다. 화요일부터 기다리기 시작, 금요일에는 틀림없으리라 믿고 만반의 준비를 갖추었고, 토요일 아침에는 오늘은 아닐 테지 단정. 이번 주 나의 차례가 된 빨래를 시작하며 비누거품투성이가 되어있는데 갑자기 "3879 접견!"

씻는 둥 마는 둥 옷을 주워 입으랴 양말을 꺼내 신으랴 엊그제 새로 산 검정운동화를 찾아 신으랴 허둥지둥 급한 걸음으로 달려 나가니…….

앓고 난 뒤라 그런지 접견실 투명막 너머의 당신은 가엽게도 여위어 보였습니다. 혼자 토요일 아침에 나타나리라고는 생각도 못했습니다. 예기치 못한 당신의 출현으로 정다운 대화를 준비하지 못한 채 다듬어진 대화를 찾지 못하고 짧은 금싸라기 시간을 낭비해

버렸습니다.

당신이 넣어준 면으로 짠 내의는 내 몸에 꼭 맞았고 색깔과 탄력 있는 천의 감촉이 좋았습니다. 털실 양말에 손을 넣어보았습니다. 옛날 당신의 외투 호주머니에 손을 넣어 보던 어느 겨울의 산책이 떠올랐습니다. 이 양말은 아까워서 추울 때 손에 끼어야겠습니다.

1977년 12월 1일

1977년 마지막 달의 첫날 아침입니다. 눈을 떠보니 원아의 함성이 들리고 창문 밖으로 온 세상이 하얗도록 흰 눈이 펑펑 쏟아집니다. 흰 눈 위를 깡충깡충 뛰고 싶은 충동에 밖으로 나갔습니다. 소복이 쌓인 눈길을 밟으며 발끝으로 스며드는 깨끗한 차가움이 상쾌했습니다. 당신이 옆에 있다면 팔을 깍지 끼고 먼 곳까지 걸었을 텐데. 왠지 원망스러운 마음이 듭니다.

학원 가려던 선숙이가 버스를 타지 못해 도로 집으로 돌아왔어요. 원아는 걸어서 학교에 갔습니다. 길가를 내려다보니 차들이 몽땅 기어가는군요. 잘됐습니다. 덕분에 저는 편지로 당신과 데이트를 하면서 늦장을 부려볼까 합니다. 꼭 장마철 소낙비 오듯 눈이 오는군요. 아마도 오늘은 사무실에 나가 생각나는 남자친구에게 전화를 걸어 차라도 한 잔 해야 할 기분입니다.

1977년 12월 1일

오래 기다렸던 면회를 무사히 끝내고 돌아와 간밤에는 달게 잤습니다. 비 개인 후의 갓 맑은 하늘처럼 마음이 한결 조용해지는 것 같습니다. 늘 만나는 사람, 10여 년을 사귀어 온 사람과의 만남이 이렇게 산뜻한 여운으로 남는 것은 생각해 보면 경이로운 일입니다.

며칠 전 어느 날 밤, 전기가 나간 일이 있었습니다. 그 때 창을 통하여 푸른 달빛이 방안으로 밀려들어왔습니다. 달빛은 조수潮水처럼 우리들의 남루한 솜이불 위와 벽에 매달린 징역 보따리 위에 출렁였습니다. 우리는 모두 숨을 죽이고 기다렸습니다. 이 아름다운 자연의 은혜가 조금이라도 오래 머물러 있어주도록, 전기가 꺼진 상태가 지속되기를 간절히 바랐던 것입니다. 실로 눈물겹도록 가난한 소망이었습니다.

1977년 12월 5일

당신이 사준 '세이코' 손목시계는 지금 12월 5일 오후 2시 38분이라고 알려주고 있습니다. 오늘은 3시부터 30분간 운동시간이므로 이 편지는 간단히 써서 운동 나가기 전에 제출해야겠습니다.

주위 사람들이 내 시계를 구경하고 싶어 합니다. 가마니를 깐 방의 천정엔 홀아비들의 젖은 빨래들이 널려있고, 물 주전자·설거지통·세면기·옷 보따리 등 생존의 도구들로 너저분한 감방 풍경과 일제 세이코 시계의 콘트라스트. 시계가 국산 중고였으면 더 좋았을지도 모르겠습니다.

밤중에 눈을 뜨면 머리맡에 당신이 사준 손목시계가 자지도 않고 째깍째깍째깍 밤을 새우고 있습니다. 나는 시계를 집어다 가만히 뺨에 대어봅니다.

그러면 무엇을 청해도 한 번도 거절하지 않는 숙이의 후한 마음
씨가 훈훈히 전해져 옵니다.*

*모범수에게는 손목시계 착용이 허락되었다. 박성준은 어렵게 시계를 부탁했고 한명숙은 지
인이 선물한 시계를 남편에게 보내주었다.

1977년 12월 26일

23일 : 당신 만나고 돌아오는 날 저녁 6시에 저를 위로해 주는 위로회가 함께 일하는 선생님과 후배들에 의해서 마련되었습니다. 별로 위로받을 것도 없는 것 같은데 자꾸 해준다니 고마운 마음으로 응했지요. 장소는 어느 쌀막걸리집 좁다란 온돌방, 술 먹은 얘기를 하면 당신이 영 망신스러워 할 것 같아 생략. 11시 귀가. 생각보다 퍽 즐겁고 좋은 시간을 가져서 피곤치 않았어요. 단잠을 잤음.

24일 : 오전 근무 끝내고 사무실 이 목사랑 '새벽의 집' 방문. 사모님의 환영을 받고 미국에서 왔다는 맛있는 케이크를 자르면서 얘기를 나누었어요. 새벽의 집 여자들은 모두 과부가 되나보다고 굿을 한번 하자고 군소리. 저도 과부니까(우리들 별명이 생과부거든요)

6시에 새벽의 집을 나와 여의도 경도교회에 가서 부탁 받은 크리스마스 저녁 프로그램을 도와주고 9시에 경동교회 도착. 크리스마스 때면 항상 하는 연극 〈기뻐하라〉를 보고 11시경에 집에 도착.

기다리고 있던 꼬마들이 졸라서 12시에 신촌로터리를 헤비적거리다 참새구이집, 다방, 빵집을 전전하면서 통행금지 없는 날을 만끽했지요. 쌀쌀한 밤거리를 꼬마들과 팔짱끼고 돌아다니니까 고교시절 올 나이트 하던 때가 생각나서 꼭 애들 마냥 즐거웠습니다. 새벽 3시 집에 들어 옴. 엄마한테 혼나고 잤음.

25일 : 정식 크리스마스 예배에 참석하려고 일찍부터 서둘렀음. 예배순서 중 찬송시간에 북치는 역할을 맡았기 때문에 연습차 일찍

✽ 한명숙이 경동교회에서 북을 치는 모습.

교회에 도착. 청사초롱으로 불 밝히고 예배시간에 닐리리야를 부르
니 흥이 절로. 본인께서 가락을 맞추고 굿거리장단으로 북을 치니
얼쑤! 좋다.

  26일 : 26,27일은 사무실 휴무인데 원장님 스케줄 변동으로 연락
을 받고 저녁 6시에 29일 회의를 당겨 하우스*에서 모임을 가졌습
니다. 당일로 끝날 예정이었으나 뜻밖에 길어져 모두 하우스에서
자게 되었습니다. 집에는 연락도 못하고 외박하게 된 셈이지요. 샤
워하고 때 빼고 광내다 보니 새벽 2시 30분. 옆에 친구에게 먼저 자
라고 해놓고 당신께 편지를 쓰는 겁니다.

  무척 고요한 밤에 스팀소리가 가끔 정적을 깹니다. 지금쯤 주무
실 당신에게 꿈속으로 저의 사랑을 보냅니다. 1978년은 건강을 반
드시 회복할 것을 약속하겠어요. 자, 약속의 표시로 힘 있게 손깍
지를!

---

* 수유리 크리스찬 아카데미 하우스를 말함.

1977년 12월 26일

오늘부터 한 주일간 나는 설거지 당번입니다. 1977년의 마지막 한 주일을 나는 그릇을 씻으며 여러 가지 재미있는 사색을 혼자 즐길 수 있게 되었습니다. 먼저 당신에게 보낼 정미년丁巳年 마지막 편지에 쓸 말부터 생각했습니다.

나는 지난 10년간 이곳 생활에서 커다란 과오過誤를 범해왔습니다. 그것은 "개인으로서의 박성준 성장"에 집착한 나머지 나를 포함한 "공동체의 발전"에 눈을 크게 뜨지 못했던 점입니다.

한 마리의 나비를 탄생시키기 위하여 고치와 번데기는 낮은 자리에서 자기의 역할을 감당합니다. 그러나 고치와 번데기와 번데기 속의 나비는 셋이 모여서 하나의 생명, 하나의 공동체입니다. 숙이가 숙이 자신을 평가하는 기준, 준이가 준이 자신을 재어보는 척도는

* 박성준이 보낸 편지에 들어있던 '愚公移山'에서 글씨. '우공이산'이란 어리석은 사람이 산을 옮긴다는 뜻으로, 쉬지 않고 꾸준하게 한 가지 일만 열심히 하면 마침내 큰 일을 이룰 수 있음을 비유한 말.

바로 이 생명체, 긴 밤을 견디고 드디어 어느 화창한 봄날 나래를 펴고 날아오를 새 삶에 바치는 우리들의 사랑이어야 할 것입니다.

1978년부터 나는 새 출발 하겠습니다. 눈을 씻겠습니다. 귀를 씻겠습니다. 새로운 각도에서 나를, 내 이웃을, 징역살이를 바라보겠습니다. 가장 연약한 목소리로 말하는 사람들과 함께 하면서 그들의 역사에 귀를 기울여 배우겠습니다. 책을 보는 시간을 대폭 줄이고 외국어 공부도 최소한으로 줄이고 공부는 우리나라 역사와 한국 기독교사로 압축하겠습니다.

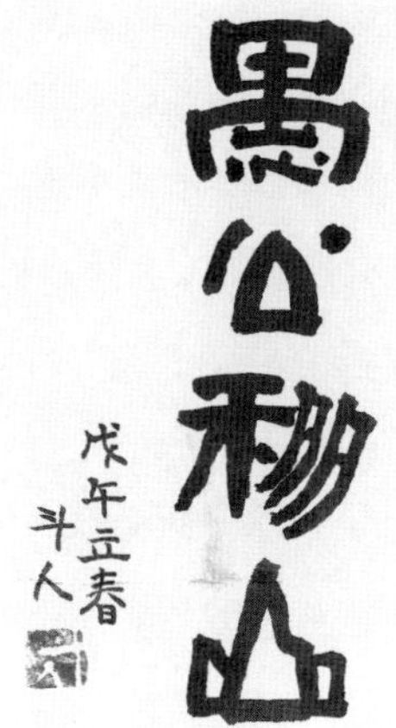

당시 '우공'의 매력에 푹 빠져있
던 박성준은 처제인 한선숙에게도
'愚公移山' 글씨를 써 보냈다.

새해부터는 이렇게 회개한 성준이가 작은 목소리로 차근차근 당
신에게 예전과는 다른 얘기를 써 보내겠습니다. '우공이산'은 새해
에 당신과 나의 좌우명으로 삼고 싶어 서투른 예서隸書로 써 보았
습니다.

내 마음속에
슬픔을 씻어내는 샘물 하나 있어
(1978~1979년)

"요즘 산책길에 만나는 나무와 풀들을 보면서 많은 것을 배우고 느낍니다. 풀들은 잡초가 싫으니까 개나리가 되었으면 하고 자기를 학대하거나 다른 삶을 부러워하지 않으며 모두 자기 스스로에 만족하고 있다는 것입니다. 잎이 떨어질 것을 생각해서 미리 슬퍼하지 않고 자연의 순리에 따라 돋아나고, 피고, 지고, 그래서 모두 자족하고 있습니다."

"변소에서 즐겨보는 나의 실버들은 이제 새싹을 틔울 채비를 하나 봅니다. 밋밋하게 맥을 놓고 있던 가지가 올망졸망 움을 달고 작은 미풍에도 어깨 짓을 합니다. 긴 겨울을 이기고 '우리 여기 이렇게 견디어 냈느니!' 하는 생명들의 자기주장을 대할 때 나는 눈시울이 뜨거워집니다."

한명숙은 건강이 악화된 1978년 당시를 몸과 마음이 최악의 상태였노라고 회고했다. 남편의 감옥생활은 10년을 넘었고, 집안의 생계와 동생들의 학비를 책임지느라 하루하루가 힘든 시기였다. 1978년의 박성준의 편지는 거의 남아있지 않다. 당시 교도소 인쇄공장에서 일하고 있던 박성준은 아름다운 필치와 그림으로 작품을 만들 듯 편지를 썼다. 한명숙은 이 아름다운 편지들이 너무 좋고 자랑스러워 그 시기의 편지만 따로 모아 책처럼 묶어 가방 속에 넣고 다니며 틈틈이 읽었다. 그러나 1979년 4월 16일 한명숙이 크리스찬 아카데미 사건으로 구속되면서 이 편지들은 당시 중앙정보부에 압수당하고 만다(나중에 조회했으나 분실되었다는 답이 돌아왔다). 당시 대전교도소 당국은 상부의 지시에 따라 한명숙의 투옥 사실을 남편 박성준에게 알려주지 않았다. 편지, 면회, 책과 영치금 차입 등 외부와의 소통을 일체 차단했다. 박성준은 그때 아내 한명숙이 죽은 줄 알았노라고 회고했다. 50여 일간 불안과 고통으로 안절부절 못하는 그를 보다 못한 어느 교도관의 귀띔으로 한명숙의 수감 사실을 알게 된 날, 박성준은 아내의 살아있음이 너무 기쁘고 고마워 펄쩍펄쩍 뛰면서 만세를 불렀다고 한다. 두 사람 사이에 끊어진 편지가 다시 이어진 것은 1980년 10월이 되어서였다.

1978년 1월 9일

　당신의 긴 겨울밤을 지새우게 만든 편지에 저도 그동안 삶에 대해 깊이 생각했습니다. 그리고 가까운 친구들과 토론을 했습니다. 그 결과 매우 좋은 결론을 얻었으며 저를 아끼는 동료들과 선생님이 제가 보완해야 하는 점을 도와주기로 했습니다.

　이러한 결과를 얻기까지 저는 그동안 생활에 대한 지적과 당신이 누누이 걱정했듯 분망성의 원인을 여러 각도에서 찾아보고 동료들 앞에서 깊은 반성을 했습니다. 몹시 두렵고 가슴 아픈 일이었지만 저 자신의 발전을 위해서 꼭 있어야 될 것이라고 생각했습니다.

　앞으로는 잡다한 일과 인간관계를 대폭 줄이고 한두 가지 중요한 일에만 몰두할 수 있도록 생활계획을 짜고 있습니다. 당신의 조언이 필요합니다. 당신은 그 누구보다도 저를 잘 알고 있기 때문입니다.

추운 날씨가 다가옵니다. 내일은 영하 12도라는 관상대의 예보입니다. 당신이 사는 방의 냉기가 당신의 뜨거운 마음을 결코 식힐 수는 없겠지만 꽁꽁 언 매서운 날씨에 마음이 편하지 않습니다. 불씨 하나 없는 냉방에서 추위와 싸우는 고통만큼 저도 능력을 키우는 훈련을 고되게 하겠습니다.

35살인 저나 40을 눈앞에 둔 당신이나 이제는 모두 중년인데 마음은 마냥 어린아이 같습니다. 10년도 훨씬 더 전에 연애하던 시절의 그 마음 그대로입니다. 1978년에도 내내 건강하기를 비는 안부를 식구 모두에게 전해주세요.

1978년 1월 18일

당신이 보내 준 새해 들어 두 번째 편지 속에 담긴 그 모든 것이 저에게 큰 영감을 안겨 주었습니다. 힘 있는 글씨와 소박하고 자유스러운 그림, 단단히 박힌 도장. 알곡 같은 이야기들! 저에게는 가장 소중하고 귀한 선물입니다.

저는 사람들과의 관계 속에서 살아가는 생활의 푯대를 분명히 하고 더욱 더 사람을 사랑하게 되고 보다 나은 생활을 함께 나눌 수 있도록 일에 열중하게 됩니다. 바보 우공愚公 을 닮기 위하여, 일의 주인이 되기 위하여, 질적인 삶을 살기 위하여 깊이 사색하겠습니다.

된 사람은 조건이 좋으면 좋을수록 또는 조건이 나쁘면 나쁠수록 두 가지의 경우 모두 그것을 선용하여 훌륭한 삶을 누릴 수 있다고 들었습니다.

결국 조건은 우리 삶의 근본을 좌우하는 구실이 되지 못할 것
입니다. 어떻게 그것을 선용하느냐 하는 것이 저나 당신의 과제
입니다.

1978년 1월 19일

당신 생일 날, 무얼 선물로 드릴까.
아무것도 가진 게 없는 초라하고
가난한 당신의 아내.
그러나 왠지 하나도 부끄럽지가
않은 것은 왜일까요?

제 나이 먹는 것 세기에 벅차서
당신 생일이 몇 번째인지도 자세히
모르는 엉터리 아내.
그러나 왠지 하나도 두렵지가
않은 것은 왜일까요?

우리 둘의 소망을 하늘에서
다 알듯이 저의 마음을 당신이
모두 아시겠지요.
당신을 향한 변함없는 작은 마음을
보내드립니다.

좌절하지 않고 열심히 살 것을
약속드립니다.
인기에 마음을 두지 않고 꾸준히
실력을 쌓고 정직하게 살 것을 약속드립니다.
생활의 질서를 찾아 건강하게
살 것을 약속드립니다.

당신에게 입맞춤을 보내며, 아내 명숙 올림.

< 남편에게 >

1978년 1월 19일
당신 생일날, 무얼 선물로 드릴까
아무것도 가진게 없는 초라하고
가난한 당신의 아내.
그러나 웬지 하나도 부끄럽지가
않은것은 웬일일까요

제나이 먹는것 세기에 벅차서
당신생일이 몇번째인지도 자서히
모르는 엉터리 아내.
그러나 웬지 하나도 두렵지가
않은것은 웬일일까요.

우리들의 기원을 하늘에서
다 알듯이 저의 마음을 당신이
모두 알리라 여겨집니다.
당신을 향한 변함없는 작은 마음을
보내드립니다.

좌절하지 않고 열심히 살것을
약속 드립니다.

인기에 마음을 두지 않고 꾸준히
실력을 쌓고 정직하게 살것을
약속드립니다.

생활의 질서를 찾아 건강하게
살것을 약속드립니다.

당신에게 입맞춤을 보내며
아내 명숙 올림.

* 1978년 1월 19일, 남편의 생일을 맞아 보낸 한명숙의 축하 편지.

1978년 2월 7일

오늘은 설날입니다. 저는 덕분에 하루 쉬게 되었습니다. 오늘은 모두 집에 모여 아침에는 떡국을 먹고 엄마가 준비한 간식을 펴 놓고 오랜만에 한가롭게 지내고 있습니다. 지금이 오후 4시인데 한 번도 밖에 나가지 않고 방에서 뒹굴고 있습니다.

저의 건강진단에 관해서 원주기독병원 원목 등을 만나서 얘기한 결과 적극적으로 도와주서서 2월 14일부터 입원하기로 했습니다. 병원비는 할인 받고 남은 액수는 사정이 허락되는 대로 분담해서 내도 좋다는 허락을 받았습니다.

집안에 걱정이 많습니다. 요즘 서울에서는 무주택자는 집을 살 수 없는 엄청난 모순 속에 말려들고 있습니다. 집 있는 사람들은 집을 이용해 날로 번창하고 집 없는 사람들은 길거리로 나서야 되는 실정입니다. 올 들어 우리 집도 현재 세 값의 50퍼센트가 인상되었습니다.

선숙이는 약대에 지원했습니다. 떨어지면 대학을 포기하고 취직할 것을 약속했습니다. 집세와 학비를 감당하기가 막연해 찢어지는 가슴이지만 차라리 낙방했으면 하는 심정입니다. 원철이와 저의 수입을 합쳐도 절대량이 모자라는 집 살림 때문에 요즘 매우 위태롭습니다.

1978년 2월 17일

원주 병원에 다녀와서

무사히 건강진단을 마치고 집에 돌아왔습니다. 14일부터 18일 반나절까지 나흘 반을 조용한 병원에서 지내는 동안 여러 가지 생각을 했습니다. 조금 휴식도 된 셈이고 마음도 많이 가라앉았습니다.

검진 결과는 모든 것이 정상이었습니다. 자궁에 약간의 염증이 있다는 진단이 나왔고 일주일 분의 약을 받았습니다. 이제 더 이상 건강에 대한 공연한 걱정은 안 하겠습니다. 규칙적인 요가와 운동을 게을리 하지 않을 작정입니다.

집안일은 역시 복잡하고 어렵습니다. 일단 빚으로 돌려 막아놓고 차근히 가족들과 의논할 생각입니다. 저도 이제는 분가해서 최소한의 보금자리를 마련해야 후에 당신과 같이 살 방법이 생기겠다는 생각입니다. 선숙이는 취직을 시키겠습니다. 가슴이 아프지만 잘

타이르도록 하겠습니다.

　병원에 있는 동안 하나도 외롭지 않았습니다. 저도 당신만큼이나 그동안 혼자 있는 시간을 갖기 어려웠습니다. 조용한 병실에 혼자 있는 시간이 얼마나 자유스럽고 즐거웠는지 모릅니다. 그 시간 동안 일기를 썼습니다. 일기의 부분을 소개하지요.

　"전화벨이 울렸다. 선숙이가 오더니 활짝 웃으며 편지 한 장을 건네주었다. 낯익은 글씨, 남편의 편지였다. 기쁨과 감동이 동시에 몰려왔다. 미처 생각하지도 못한 것이어서 기쁨은 더 컸다. 예쁜 사람, 고마운 사람, 남편이 보고 싶다. 적어 준 시구가 내 마음 깊숙이 격려로 다가왔다. 짓밟혀도, 짓밟혀도 다시 살아나는 잡초가 되어야지."
(1978월 2월 15일)

　"난생 처음 입어보는 분홍색 가운이 혹시 나를 폼 나는 마나님으로 만드는 게 아닌가 싶어 이리저리 거울을 들여다보았다. 샛노란 혈색 때문인지 별로 그렇게 보이지는 않는다. 화장을 안 해도 되는 것이 좋다." (1978년 2월 16일)

　"장 검사를 하기 위해 검사실로 불려갔다. 기계가 여러 대 장치되어 있는 약간은 무서운 기분이 드는 방이었다. 관장할 때 창자가 꼬이는 것 같은 통증에 소리까지 질렀다. 어른이 그것도 못 참는다고 검사하는 사람에게 야단을 맞았다. 나를 촬영한 기사는 여자였다. 몸짓도 크고 목소리도 우렁차고 하는 행동이 퍽 능력 있어 보이는 여자 기사였다. 이러한 특수 분야에서 여자가 리더로 일하고 있는 것을 보니 공연히 나 자신이 우쭐했다. 이처럼 여자들의 능력이 개발되어서 각 분야마다 전문적인 기술을 가지고 일하는 시대가 어서 왔으면 좋 겠다."(1978년 2월 16일)

"조용한 병실에서 헤세의 『싯다르타』를 읽었다. 그가 했던 생의 철 저한 고행과 깊은 사색과 그것을 극복하려는 피나는 노력 앞에 절로 무릎이 꿇린다. 개성과 슬픔, 분노가 정확히 표현되고 욕구를 바르게 쓰고 즐길 수 있고, 고민하고 싸우고 해결하는 삶의 과정 속에서 부 당하게 짓밟히는 사람이 없는 자유롭고 평등하며 모두가 공정하게 살 수 있는 사회, 이 사회 속에서 땀 흘려 일하고 사랑하고 먹고 마시 고 노래하고 춤추고 화내고 웃고 하는 모든 것이 통일적으로 아름다 운 조화를 이루는 사회. 상상만 해도 기쁨의 눈물이 나온다."(1978년 2월 17일)

늦추위가 기세를 부립니다. 모든 분께 안부를!

1978년 3월 29일

약속을 어기고 면회를 가지 못했습니다. 사연은 이렇습니다. 사무실 모든 직원이 일에 눌려 건강이 좋지 않은데 비단 저만 휴가를 신청하기가 난처한 터에 어느 날 갑자기 심한 출혈을 하게 되었습니다. 병원에 실려가 조사해 본 결과 전신쇠약과 극도의 정신적 긴장, 호르몬 장애로 인한 하혈이었습니다.

극도의 안정과 영양섭취가 필요하다는 처방을 받고 매일 병원에 다녔습니다. 사무실이 발칵 뒤집혔고 원장님은 몹시 겁이 나서 저에게 휴가를 주어 치료에 전념하게 하셨고 치료비도 모두 부담하시겠다고 했습니다. 실은 저 자신은 별 위험성을 몰랐지만 후에 알고 보니 퍽 위험한 고비를 넘긴 셈입니다.

당신에게 이 사실을 알리는 편지를 썼지만 망설이다 띄우는 것을 포기했습니다. 너무 걱정을 드리는 것 같아 용기가 나지 않았습니다. 사실 면회 간 날도 몸이 완전히 회복된 것이 아니어서 집에 돌아왔을 때 매우 피로했습니다. 출혈도 완전히 멈춘 상태가 아니었지요.

다음 날 병원에 가서 보다 안전을 기하기 위해 사흘쯤 입원하는 게 좋겠다고 해서 의사의 지시에 따라 갑자기 입원했습니다. 지금은 퇴원을 했고 출혈은 깨끗이 멈춘 상태입니다.

이제는 병원에 매일 안 다녀도 좋을 정도로 좋아졌기 때문에 다음 주부터는 수원에 가서 한약도 먹고 공기 좋은 곳에서 쉬기로 예정되어 있습니다. 다시 재발하면 수혈을 받아야 한다니 저도 각오를 단단히 하고 공부고 책이고 일단 덮어놓고 건강에 최대한 배려를 할 생각입니다.

몸이 좋아지니 한결 머리가 맑고 마음도 명랑해졌습니다. 다음 면회 때는 좋은 얼굴로 만나게 될 것을 약속드립니다.

1978년 4월 4일

저의 편지를 오랫동안 기다리고 계실 당신을 생각하면서, 급한 마음을 달래며 요즘 저의 생활을 알려드립니다. 공기 좋고 조용한 수원교육원을 찾은 지 사흘째 되는 날입니다.

저를 딸같이 보살펴 주는 목사님과 사랑스러운 후배들, 같이 일하는 동료들의 사랑 속에서 부족함 없이 건강회복에 전념하고 있습니다. 모든 것을 주기만 하고 받을 줄 모른다고 늘 책망 받던 제가 이번 병중에서 얼마나 많은 것을 받고 있는지, 받는 훈련을 단단히 하고 있습니다. 아마도 세상은 이렇게 두루두루 주고받으며 살아가나 봅니다.

1978년 4월 21일

이곳 교육원은 목련, 개나리, 벚꽃들로 아름다운 동산이 되었습니다. 산에 올라도 지천에 깔린 진달래꽃이 온 산을 붉게 물들이고 있습니다. 날씨가 따뜻해서 산에는 뱀이 다닙니다. 며칠 전 두 마리의 뱀을 보고는 너무 놀라서 이제는 산에 오르지 않습니다. 박 선생이 이곳에서 사진을 찍어준답니다. 환자 생활기를 시청각적으로 보여주어야 한다고 극구 주장하여 오늘 오후에는 갑자기 초라한 모델이 될 것 같습니다.

식욕이 전보다 좋고 어지러움 증세가 덜한 것으로 보아 건강은 점점 좋아지는 게 틀림없습니다. 전체적으로 좋아졌지만 아직 부분적 통증이 있는 것은 사실입니다. 운동이 부족한 듯하여 요즘은 탁구를 하루에 한 번씩 칩니다. 건강에 만전을 기하고 있으니 걱정을 더소서.

1978년 5월 3일

저는 이 긴 병마의 휴식 중에 잃은 것보다는 얻은 것이 훨씬 많은 것을 깨닫고 기뻐하고 있습니다.

요즘 산책길에 만나는 나무와 풀들을 보면서 많은 것을 배우고 느낍니다. 풀들은 잡초가 싫으니까 개나리가 되었으면 하고 자기를 학대하거나 다른 삶을 부러워하지 않으며 모두 자기 스스로에 만족하고 있다는 것입니다. 잎이 떨어질 것을 생각해서 미리 슬퍼하지 않고 자연의 순리에 따라 돋아나고, 피고, 지고, 그래서 모두 자족하고 있습니다. 하물며 사람이야…….

저는 요즘 스스로에게 이렇게 자주 말합니다. "내가 있음으로 이 모든 것은 있다. 내 생의 주인은 바로 나다. 나는 소중하다. 나는 건강하다. 무엇이든지 자신 있다. 나는 즐겁다."

1978년 5월 11일

5월 8일 어버이날에는 모두들 기다릴 것 같아 집엘 갔습니다. 엄마의 일도 덜어드릴 겸해서 온 식구가 함께 외식을 할 계산으로 들어섰는데 알뜰한 엄마의 설득에 못 이겨 집에서 해 먹는 것으로 결정하고 엄마와 함께 시장을 보러 나섰습니다.

눈이 나올 만큼 비싸진 물건 값들 때문에 장바구니를 든 엄마들이 어정어정 다니기만 하고 물건을 덥석 사지 못하고 주저하는 표정들, 이와는 대조적으로 시장입구까지 새까만 자가용을 들이대고 궤짝으로 물건을 들여가는 라이방* 낀 아줌마의 도도한 표정들. 아주 재미있었습니다.

더 흥미 있는 것은 바구니마다 나물 부스러기들을 조금씩 담아 놓고 열심히 손님을 끌며 한 줌이라도 팔아보려고 소리를 지르는 아줌마들의 가슴 위에 달린 빨간 카네이션입니다. 비록 조화造花이지만 그 꽃에선 짙은 향기가 풍기는 것만 같습니다.

저는 모든 것이 눈에 띄게 좋아지고 있습니다. 이제는 휴식의 진미를 알 듯합니다. 기분 전환을 위해 머리를 짧게 잘랐습니다.

*당시 선글라스를 이르던 말. 선글라스의 대표적인 상표 '레이벤(Ray Ban)'에서 유래됨.

1978년 5월 19일

불타던 대지와 초목이 단비를 맞아 반짝 생명을 과시하는 듯 싱그러운 아침입니다. 그동안 메말랐던 마음에 비를 맞는 느낌으로 아침산책을 했습니다. 일주일 전부터 얼굴과 몸이 부쩍 좋아지기 시작했습니다. 얼굴이 부드러워지고 윤기가 돌며 무엇이나 맛있게 잘 먹습니다. 이제 곧 완쾌될 것 같은 기분이 듭니다. 다시 살아나는 느낌입니다.

당신 서화전*을 구경하러 갈 것입니다. 그날 복스럽고 웃음 짓는 얼굴을 보일 수 있을 자신이 생겼습니다. 산뜻한 봄차림으로 당신을 만날 것입니다. 그날을 위해 머리도 단정하고 예쁘게 잘라두었습니다.

---

* 대전교도소는 서화반원들의 작품들을 가지고 전시회를 열어주었다. 박성준의 작품도 출품되었다.

✱ 박성준이 1979년 1월에 처남, 처제들에게 보낸 새해맞이 그림편지. '德不孤必
有鄰(덕 있는 사람은 외롭지 않다. 언제나 가까이 이웃이 있기에)' 은 『논어』에 나
오는 말이다.

1979년 3월 6일

오늘은 화요일. 일주일에 한 번 있는 빨래 날입니다. 어제 난로를 뗐기 때문에 탱크에 받아 두었던 찬물로 빨래를 하자니 아직 손이 시립니다. 젊은 사람들이 너도 나도 도와주겠다고 하지만 제 할 일은 반드시 제 손으로 해야 하는 거라고 설명하면서 사양했습니다.

"집에 있으면 사모님이 해주실 텐데……." 한 청년이 너스레를 떱니다. 나는 혼자 속으로 "말 마슈. 그 아주머니가 어떤 아주머니인데……" 하며 싱긋. 집에 돌아가면 빨래고 밥이고 청소고 같이 할 생각입니다.

헹굴 차례에 펌프로 끌어 올린 샘물이 나옵니다. 비틀어 짜 놓았던 빨래를 담그니 우물물은 따뜻합니다. 봄을 준비하느라 땅 속은 이미 따뜻한가 봅니다. 며칠 전 면회 때 내 손을 잡으며 "손이 차네요” 하던 당신 손의 따뜻한 온기가 연상됩니다.

변소에서 즐겨보는 나의 실버들은 이제 새 싹을 틔울 채비를 하나 봅니다. 밋밋하게 맥을 놓고 있던 가지가 올망졸망 움을 달고 작은 미풍에도 어깨 짓을 합니다. 긴 겨울을 이기고 “우리 여기 이렇게 견디어 냈느니!” 하는 생명들의 자기주장을 대할 때 나는 눈시울이 뜨거워집니다.

“자 빨래 널러 나오시오” 하고 소리치는군요. 오늘은 이만 쓰겠습니다.

1979년 3월 13일

우리 공장 안에는 큰 갯버들나무가 있는데 내 아름으로 한 아름 반이나 됩니다.

유관순 여사가 징역살던 때부터 그 자리에 있었다는 고목인데, 오늘 아침 출역하면서 보니까 까치가 커다란 가지를 선택하여 큼지막하게 튼튼히 집을 지어가고 있습니다.

우리 전중이*들 중에는 까치 새끼를 잡아 새장에 길러보겠다는 잔인한 희망을 말하는 사람이 있는가 하면, 까치가 집을 담 안에 짓는 것을 보아 금년에 태풍이 불겠다고 예언하는 사람도 있습니다. 또 한편으로는 칠석날 견우와 직녀를 만나도록 연결시켜 주었던 저 희작喜鵲**들이 어쩌면 금년에 우리에게도 "만남"을 가능케 해주지 않으려나 하고 엉큼한(?) 소원을 빌어보는 사람도 있다오(그는 누구일까요?).

은하에도 다리를 놓았던 새니까 우리에게도 그 정도의 좋은 소식〔鵲報〕을 가져옴직 하지요! 바로 이런 걸 '긍정적 사고'라 하던가요, 하하.

1979년 3월 21일

"숙이, 어제 당신의 편지를 받았소. 한 보름쯤 참고 참았다가 한 잔 걸친 슬픈 술꾼처럼 편지를 받아 쥔 순간 내 온몸의 기능은 정상을 되찾았소. 혈관 속을 달리는 피의 순환이 빨라진 듯 느껴지고 시력이 회복된 듯하오. 지루한 장마가 끝나고 쨍! 하고 햇볕 든 뜨락에 서있는 기분이라오."

윗글은 작년 11월 15일에 부치려다 그만둔 편지의 서두입니다. 그때 한 20일간 당신의 안부를 몰라 애를 태우고 있었는데 "오늘도 소식이 안 오면 내가 아마도 병이 나지" 하면서 건강을 해치고 있을 때 당신 편지가 간신히 도착! 그때의 기분을 즉흥적으로 쓴 것이었습니다.

지금도 그때 모양으로 숨이 넘어가고 있다는 것은 결코 아니고,

오늘 호주머니 정리를 하다가 보니까 그 편지가 구겨져 있기에 "이건 훗날 얘깃거리가 될지도 모른다" 싶어서 소개하는 것입니다.

금년에는 춘계체육대회가 예년보다 한 달 앞당겨진다고 하여 우리들은 각종 경기 연습에 열을 올리고 있습니다. 하루 30분간의 운동시간으로는 부족해서 이웃 공장 운동시간에 꼽사리를 껴서 따라붙곤 합니다. 나는 인쇄공장 정구선수인데, 평소에 하드만 쳤기 때문에 갑자기 소프트가 잘 될지 걱정입니다. 지금 공장 안은 '열차경기'(발목을 끈으로 매어 7명씩 연결시켜 발을 맞추어야만 달릴 수 있게 한 단체경기) 연습으로 '하나 둘, 하나 둘!' 하는 함성과 활판인쇄기 돌아가는 소리가 뒤범벅.

헌데, 당신 어쩐 일이오? 3월 6일자 편지 후로 아무 소식도 없으니? 걱정이야 안 하지만 그리움이야 없으리오. 부디 건강만 하슈.

1979년 3월 30일

간밤에 장대 같은 비가 퍼 부었소. 아침에도 계속 비가 내리고 천둥과 번개가 치고 있소.

당신으로부터 소식마저 끊어졌으니 이게 무슨 연고일까, 걱정도 되오.*

그러나 지금 천둥과 번개와 비를 퍼 붙는 저 구름 위에는 태양이 찬란히 빛나고 있음을 아오. 온갖 새들과 화초와 땅 속의 벌레들조차 조금도 무서워 않고 생명의 활동을 계속하고 있소. 우리도 그래야만 하오.

당신이 지금, 편지 한 장을 쓸 수도 없는 그 어떤 처지에 있던지 남편인 내가 바라는 것은 오직 한 가지, "건강을 지키고 씩씩하게 살아 달라는 것" 이것뿐이오. 그러니 아무 염려 마시고 당신도 몸 조심 하시오.

매순간 당신과 함께 있고 함께 기도하고 예수께로 함께 걸어갑니다. 그러면 곧 만나게 될 것을 믿으며 이만 줄이오.

<hr>

* 크리스찬 아카데미 사건의 발발 직전이라, 한명숙의 편지가 끊긴 상태였다.

* 이 글은 한명숙의 홈페이지에 있던 미니자서전 일부를 발췌한 것으로, 크리스찬 아카데미 사건 당시의 심경을 담은 글이다.

절망 속에서 찾은 힘

온몸이 꽁꽁 묶인 채 밤새도록 구타를 당했다. 밤과 낮을 구별할 수 없었고 내가 살아 있다는 생각조차 들지 않았다. 온몸은 피멍이 들어 부어올랐고 부은 피부는 스치기만 해도 면도날로 도려내는 듯한 고통을 주었다. 귓전에 울려오는 윙윙거림 속에 나를 고문하는 사람들의 목소리가 속삭이듯 아스라하게만 들려왔다. 셀 수 없을 만큼 정신을 잃었고 차라리 그 순간이 행복했다. 태어나 처음으로 죽음을 생각했다. 그리고 어쩌면 난 죽을지도 모른다는 공포가 고문의 고통보다 더 크게 나를 짓눌렀다. 그들이 나에게 요구한 것은 단 하나였다. '빨갱이'임을 실토하라는 것이었다.

아! 나는 패배했다. 나의 믿음과 나의 각성과 나의 정의감과 내가 알고 있던 모든 진실이 한꺼번에 무너져 내리고 말았다. 인간의 믿음은 얼마만큼 우습고 허약한 것인가?

서울구치소에 수감된 나는 삶의 희망을 잃고 절망했다. 언제 다시 되풀이될지 모를 고문에 대한 두려움으로 인해 안으로 안으로만 웅크려들고 있었다. 고문에 굴복한 나의 사라져 버린 정체성이 혐오스러워 죽는 것보다 더 괴로운 시간을 보내고 있었다. 나는 어디에도 없었다. 이전의 한명숙은 사라지고 한명숙이 아닌 또 다른 한명숙이 나를 혐오하며 저주하고 있었다.

　무엇보다 견디기 힘든 것은 텅 빈 독방이 주는 중압감과 나의 소리를, 나의 마음을 그 누구도 들어주지 않는다는 뼛속 깊이 후벼 파는 절체절명의 외로움이었다. 갑자기 숨이 턱 막혀왔다. 아무리 호흡을 하려 해도 숨이 쉬어지지 않았다. 유리도 없는 커다란 옥창으로 매서운 겨울바람이 살을 저미듯 불어왔지만 목젖까지 컥컥 숨이 막혀왔다. 기어서 배식을 하는 식구 통으로 머리를 들이 밀었다. 길고 좁다란 교도소의 복도가 보였다. 그곳은 밖이었고 내 몸뚱이는 여전히 갇혀 있었다. 저만치 교도관이 보였다. 사람, 사람을 보았다. 비로소 숨을 쉴 수가 있었다. 눈물이 흘렀다. 나는 여기서 이렇게 죽고 말 것인가?

　1979년 11월 13일 그 날의 기온은 영하 13도였다. 감옥 안은 바깥과 불과 3도 차이가 나지 않았다. 내가 구치된 서울구치소에는 난방장치는 물론이며 온기가 퍼질 불씨라곤 단 한 군데도 없었기 때문이다. 정치범인 나는 독방에 구치되어 서로의 체온을 나누어가질 동료조차 없었다. 고문으로 망가진 나의 가냘픈 몸뚱이를 쩍쩍 갈라터질 듯한 맵고 아픈 추위가 파고들었다. 내가 입고 있던 푸른 수의는 처절한 추위를 막아주기에는 너무도 얇았다.

　깊은 잠에 빠져 잠시라도 추위를 잊고 싶었지만 시간은 더디 가고 잠은 쉬이 오지 않았다. 깜빡 자다 소스라치게 깨어나면 매서운 칼바람의 울음이 옥방을 스쳐갔다. 자다 깨다를 반복하며 추위와 싸우다 보면 어느덧 어둠이 걷히고 하얗게 동이 터왔다. 머리맡에 놓아 둔 자리끼는 꽁꽁 얼어붙어 정오의 햇살이 옥창을 넘나들 때 쯤 간신히 녹았다.

　그렇게 암울한 시간은 계속되었고 그 속에서도 나는 조금씩 기력을 찾고 자신을 추스르기 시작했다. 나를 한없는 절망의 끝 언저리에서 건

* 1979년 크리스찬 아카데미 사건으로 구속된 한명숙의 서울구치소 시절 사진.

져 준 것은 여동생 이숙이 넣어준 한 권의 책이었다. 그 책은 본훼퍼의 옥중서간집이었다. 디트리히 본훼퍼, 독일의 신학자이자 목사이다. 나치 정권에 대항하다 결국 게슈타포에 붙잡혀 형무소에 수감되었지만 종전을 얼마 남겨두지 않고 끝내 총살을 당한 실천적인 종교인이었다.

"내가 고통을 당하는 것, 내가 매 맞는 것, 내가 죽은 것, 이것이 그리 심한 고통은 아니다. 나를 참으로 괴롭게 하는 것은, 내가 감옥에서 고난을 당하고 있는 동안 밖이 너무 조용하다는 사실이다."

본훼퍼의 이 한마디는 나를 천 길 낭떠러지에서 건져 올려주는 동아줄이 되었다. 나의 처지와 비교할 수 없을 정도로 어려운 극한 상황에서도 자신의 신념과 신앙을 꿋꿋이 지키며 고통을 이겨내어 결국 승리의 세계를 열어가는 본훼퍼의 글은 너무나 큰 감동의 울림으로 다가왔다.

　나는 그 책을 읽고 또 읽었다. 마음이 약해지려고 하면 다시 읽곤 하였다. 특히 재판을 받으러 나가는 날은 꼭 그 책을 읽고 마음의 무장을 다시 했다.

1979년 9월 4일

엄마 보세요.

모두들 잘 있겠지요. 제가 집을 나온 지 벌써 6개월이 됐어요. 이 안에서 매우 단조로운 생활을 하면서도 세월은 역시 빠르다는 생각이 듭니다. 책을 보다가도 문득 엄마와 아버지 생각이 날 때는 마음이 아픕니다. 언제일지 기약은 못하지만 앞으로 함께 지내게 될 때 마음껏 호강을 시켜드리고 싶은 생각입니다. 그동안 엄마와 아버지 건강하시기를 기도하겠습니다.

원상이 차지.

한원상, 오랜만에 보았더니 이제 어른이 다 되었더군. 항상 누구에게나 고3이란 과정은 무척이나 고되고 부담스러운 것이다. 그런데 누나까지 너에게 타격을 주었을 것을 생각하니 마음이 아프다.

결코 초조해할 필요는 없고 가장 중요한 것은 네가 너의 모든 것을 향해 최선을 다 했느냐 하는 것이다.

이숙이는 나에게 네가 제법 열심이라고 했고 원아는 네가 TV를 너무 많이 본다고 이르더라. 내가 이 안에 있어도 모든 것에 훤하다는 것을 명심하도록! 큰누나가 엄마 속을 많이 태웠는데 네가 한번 멋지게 엄마를 기쁘게 해주렴. 꼭 부탁한다.*

---

*구속 중인 한명숙은 당시 남편 박성준에게는 편지를 할 수 없었다.

1979년 10월 25일

원상에게,

내가 이곳에서 너에게 보내는 두 번째 편지가 된다. 너에게만 두 번씩이나 편지를 보내는 것은 대학입시를 앞에 두고 너무나 수고가 많을 것 같아서 한편으로 걱정도 되고 한편으로는 격려도 하고 싶기 때문이다. 중요한 것은 최선을 다하는 일이다. 앞으로 남은 열흘 동안이라도 해이해지지 말고 마지막 경주에 박차를 가하도록 하여라.

오늘 집에서 보낸 그림엽서 두 장 받았다. 징역살이에서 얻을 수 있는 정수를 모두 얻자는 얘기는 나에게 특히 자극이 되는구나. 나와 집안 식구 모두가 함께 노력하면 이번의 시련이 우리 모두에게 좋은 경험이 될 것이다.

누나는 요즘 세계 역사책을 보는데 퍽 유익하고 재미있단다. 이곳에 앉아서도 오랜 옛날까지 여행을 하는가 하면 세계일주도 몇 번이나 했단다. 누나는 이렇게 한 곳에 갇혀 있으면서도 세계를 누비며 재미를 보고 있으니 이 자유를 그 누가 막으랴!

그러니 누나 때문에 공연한 걱정일랑 하지 말기를 바란다. 원아가 면회 왔는데 우뚝 키가 컸더구나. 우리 집 막내가 그렇게 컸으니 이젠 염려 없다. 양쪽에 섰던 이숙이와 선숙이가 유난히 작아 보이더구나. 너희들은 무럭무럭 자라기만 하면 된다.

시험 보는 날 서둘지 말고 침착하게, 그러나 집중해서 실수하는 일 없이(이름과 번호는 꼭 쓰도록) 치르기를 바란다. 모두 건강히, 안녕. 행운을!

1979년 12월 3일

선숙이에게 큰언니가 보낸다.

오랜만이다. 전에 너로부터 검은 장미가 그려진 엽서를 받고는 꼭 좋은 편지를 한번 써 보내리라 마음먹었는데 그럭저럭 하다 보니 벌써 12월이 되었구나. 언니가 너와 떨어져 생활한 지 벌써 아홉 달 가까이 되는데 그동안 면회를 통해 가끔 보는 너의 모습은 전보다 훨씬 세상을 아는 그런 표정을 담고 있었다. 그동안 네가 컸다는 증거겠지.

벌써 12월이다. 한 달 후면 사연 많았던 1979년도 저물어 역사의 뒷전으로 물러설 것이다. 그리고 보다 나은 날들이 또 우리 앞에 전개될 것이다. 나는 지금 내 생애에 있어서 가장 충격적인 사건 속에서 나 자신의 인생을 만들어가고 있는 셈이다.

나는 이러한 특수한 상황 속에서도 항상 긍정적이고 보람 있는 생각과 행동으로 나 자신의 생활에 갖가지 수를 놓고 있단다. 그 수가 아름다운 것인지 아니면 형편없는 졸작인지는 오랜 시간이 지난 후 지금의 나를 뒤돌아 볼 때 비로소 알 수 있겠지만, 그것이 아름다운 것이 될 수 있도록 순간순간 열심히 살고 있단다.

사람이란 원래 좋은 환경 속에서 좋게 사는 것은 별로 어려운 일이 아니나 어려운 여건 속에서 고통을 겪으며 그것을 극복해내고 좌절을 이기며 목표를 향해 꾸준히 앞으로 나아가는 것은 어려운 것이며 귀한 것이란다.

성경 빌립보서에 보면 목표를 향해 나아가는 신앙인의 자세가 쓰여 있는데 나는 이곳에서도 그 성경구절을 자주 읽고 있단다.

"주 안에서 항상 기뻐하라. 내가 다시 말하노니 기뻐하라. 너희 관용을 모든 사람에게 알게 하라. 주께서 가까우시니라. 아무것도 염려하지 말고 오직 모든 일에 기도와 간구로 너희 구할 것을 감사함으로 하나님께 아뢰라. 그리하면 모든 지각에 뛰어난 하나님의 평강이 그리스도 예수 안에서 너희 마음과 생각을 지키시리라. 종말로 형제들아 무엇에든지 참되며 무엇에든지 경건하며 무엇에든지 옳으며 무엇에든지 정결하며 무엇에든지 사랑할 만하며 무엇에든지 칭찬할 만하며 무슨 덕이 있든지 무슨 기림이 있든지 이것들을 생각하라. 너희는 내게 배우고 받고 듣고 본 바를 행하라. 그리하면 평강의 하나님이 너희와 함께 계시리라." (빌립보서 4장 4~9절)

선숙아, 언니나 너나 그리고 우리 집 식구들은 이러한 어려움 가운데서도 멋지게 피어나는 아름다운 꽃처럼 희망 속에서 고통을 이

기면서 살아가는 형제가 되자!

12월 1일 새벽, 변소 안에서 1979년도 첫눈*을 보았다. 눈으로 얇게 덮인 흰 지붕과 흰 마당과 흰 나뭇가지가 내 가슴을 설레게 했다. 창문 밖의 풍경이 수양버들의 새파란 싹으로부터 흰 눈으로 덮인 하얀 세계가 될 때 까지 언니는 수많은 사연과 이야기 속에서 수를 놓기 위해 꼼꼼히 한 바늘, 두 바늘 실을 꽂고 있단다.

눈 오는 날 언니의 심정을 선숙이 너는 누구보다 잘 알아주겠지. 외로움이 몸을 슬쩍 스쳐가곤 하지만 견디기 힘들 정도는 아니다. 내 마음속 한가운데 외로움을 씻어내는 샘물을 하나 파 두었기 때문에 그 맑은 샘물이 나를 씻어준단다.

선숙아 너의 앞에 행운이 함께하기를 늘 기도하겠다.

---

*드디어 한명숙도 남편이 늘 그랬던 것처럼 감방의 변소 안에서 작은 창을 통해 옥뜰을 내다보게 되었다.

1979년 12월 14일

어머니께 드립니다.

어머니의 사랑과 근심과 한숨에 힘입어 저는 몸 성히, 마음 성히 잘 지내고 있습니다. 제가 어머니의 가슴에 못 박았던 커다란 '아픔'이 세월이 감에 따라 점점 흐릿하게 지워지면서 하나의 '보람'으로 바뀔 수 있다면 감히 저는 불효자식이 아닐 수도 있다는 확신이 들기 시작합니다.

우리가 믿는 하나님이 우리들의 이 아픔을 의미 있는 것으로 바꿀 수 있도록, 제가 이 안에서도 건강하게 지내는 것처럼 어머니도 건강해 주세요. 건강하기만 하면 우리 모두는 다시 행복한 생활을 할 수 있을 것입니다. 부디 우리 집 식구 모두 건강하기만 바라겠어요.

한동안 푹한 날씨 때문에 감옥생활이 한결 수월했습니다. 겨울이 여기에서 끝나버렸으면 싶을 정도로 이곳에서는 추위가 싫습니다.

어제 오늘은 다시 쌀쌀한 기운이 돌아 잠자리에 한기가 돌고 몸에
긴장이 돕니다. 요즘은 크리스마스 캐럴도 나오고 해서 퍽 분위기
가 무르익고 있으나 사회와 격리된 이곳 사람들의 심정은 서글프기
만 합니다. 그러나 저는 감옥 속에서 마음이 가난한 사람들과 함께
크리스마스를 맞는 것이 '진짜 크리스마스'를 맞는 것 같아 오히려
기쁘고 마음이 설레기까지 합니다. 그리고 예수님이 이 세상에 나
신 크리스마스의 진짜 의미를 터득할 것 같습니다. 빨리 크리스마
스카드를 받고 싶습니다. 그래서 보고 싶었던 많은 사람들을 만나
고 싶습니다.

어제 항소이유서를 쓰라는 통지를 받았습니다. 아마 이제야 재판
이 진행되는가 봅니다. 재판이 다가오니 1심의 많은 광경들이 떠오
르는군요. 교회에서 오셨던 많은 집사님들의 모습도 어른거리고 우
리 목사님의 기침소리*도 들리는 것 같습니다. 설교를 들을 때는
거추장스럽던 그 기침소리가 재판 때는 왜 그렇게 정답고 믿음직스
러웠는지 모르겠군요. "내가 와 있으니 걱정하지 마라" 하는 소리
로 들렸으니까요.
넣어주신 따뜻한 담요와 스웨터와 버선은 저와 우리 방 식구들이
함께 사이좋게 덮고 입고 있습니다. 엄마 덕분에 추운 겨울이 따뜻
한 겨울로 바뀌었어요.

---

* 강원룡 목사의 기침소리를 말한다.

1979년 12월 20일

이숙이에게,

앞으로 닷새 후면 크리스마스다. 짐작하건대 밖에서는 요즘 크리스마스 분위기가 무르익어 캐럴이 한창이겠구나. 그러나 우리 식구들은 나 때문에 기쁜 날이면 날일수록 마음 한구석에 슬픈 마음이 자리 잡고 있을 것을 생각하니 나도 가슴이 아프다.

그러나 언니 때문에 슬픔에 잠겨 있지는 말아라. 언니는 밖에서 생각하는 것보다 훨씬 많은 체험 속에서 참된 공부를 하고 있단다. 특히 감옥에서 맞이하는 크리스마스는 외로운 사람들끼리의 잔치이기 때문에 이 조그만 공간 속에서 이제까지 경험하지 못한 예수 탄생의 새로운 의미를 느낄 수가 있을 것 같다.

그래서 나는 24일 저녁에 방 식구들과 같이 아기 예수가 이 세상에 태어나는 성경구절을 읽으면서 그 뜻을 깊이 생각하려 한다. 이제껏 나의 크리스마스는 밝고 화려하고 풍요한 부자들과의 크리스마스여서 아무리 마구간과 말구유를 상상해도 실감이 나지 않았는데, 아마 이번 크리스마스는 마치 내 자신이 말구유에 있어서 예수가 탄생하는 그 울음소리를 옆에서 들을 수 있을 것 같구나. 이러한 내 생활은 슬프다는 것보다 기쁘다고 표현하는 것이 더 나을 것이다. 메리 크리스마스!

날씨가 포근하여 꼭 봄 날씨 같다. 어제는 하루 종일 비가 내려서 목말랐던 땅이 촉촉이 젖어 흐뭇하다. 꼭 파릇파릇 싹이 돋을 것 같은 날씨구나. 이대로 가다가는 눈 오는 화이트 크리스마스가 아니라 비 오는 크리스마스가 되지 않을까 모르겠다.

가끔 새벽에 창가를 통해 볼 수 있는 아름다운 풍경이 있다. 나뭇가지 사이에 걸려있는 초승달이 한가롭게 하늘을 바다삼아 노를 젓는가 하면, 쪼르르 비를 맞으며 정답게 마주 서 있는 비둘기 한 쌍!* 가슴이 찡해 온다.

이숙아, 언니는 감옥에서 몇 해 사는 동안 보다 좋은 사람이 되어서 나갈 것이다. 지금 언니는 아주 멋지고 높고 험한 산을 오르는 산악인 같은 느낌으로 하루하루를 보낸다. 감옥이라는 묘한 계곡에 머물러서 갖가지 진귀한 풍경을 보면서 나 자신을 닦는다. 끝까지 쉬지 않고 오르고 또 오르면 아마 환호를 지르며 정상의 아름다운 풍경을 누릴 수 있겠지.**

---

* '비에 맞은 비둘기 한 쌍'은 옥에 갇힌 남편과 자신을 비유한 말이다.
** 1979년 12월 24일 서대문구치소에 수감되어 있던 한명숙은 생애 최고의 크리스마스 선물을 받는다. 깊은 새벽, 쇠창살을 통해 아련히 들려오는 소리, "한 명 숙 힘 내 라." 발돋움하고 변소의 창에 귀를 기울이자 외침이 뚜렷이 들려왔다. 크리스찬 아카데미의 동료들이 서대문구치소 건너편 산등성이에 올라 고함쳐 보내주는 사랑과 격려의 메시지였다.

1979년 12월 22일

우리 집 식구 모두에게 즐거운 크리스마스와 복된 새해가 되기를!

누구에게나 12월은 많은 추억을 만드는 계절입니다. 나 역시 12월은 잊지 못할 뜻 깊은 계절이기 때문에 이달은 나 자신에 대하여서 그리고 또 남을 위하여 많은 생각을 하게 됩니다. 나는 이번 연말을 맞아서 전에도 늘 하던 결심이긴 하지만 다시 한 번 새로운 결심을 할 것입니다.

"내 생은 이제부터 출발이요, 시작이다"라는 생각으로 새로운 환경 속에서 새로운 경험을 터득하여 징역살이의 참된 정수를 놓치지 않으려합니다. 우리 집 식구 모두가 이 새로운 경험에 부딪혀 예수님의 탄생과 고난에 동참하는 사람이 되도록 해요.

예쁜 카드 두 장 받았습니다. 아마 밖에서 친구들과 이웃들이 보내 준 많은 카드가 나에게 전달되지 않는가 봅니다. 섭섭하고 안타까운 일이지만 받은 것과 다름없이 고마움과 사랑을 느낍니다. 두루두루 내 고마운 마음을 전해주세요. 교회에서 보는 크리스마스 자정 예배 때 나의 마음은 교회 안 한복판에 앉아 교우들과 함께 예배를 볼 것입니다. 저의 안부를 교회에 전해 주세요. 목사님, 전도사님, 교우들께 주님의 축복이 있기를!

우리 집 남자들에게 너무 소식을 못 전했는데 카드에서 이름을 보니 그지없이 반갑군요. 열심히 부지런히 공부하고 모든 하는 일에 좋은 결과가 있기를 빌어요. 아버지의 건강을 빌겠어요. 아버지 건강하세요. 저무는 칠십구년도에 맏딸 명숙 올림.

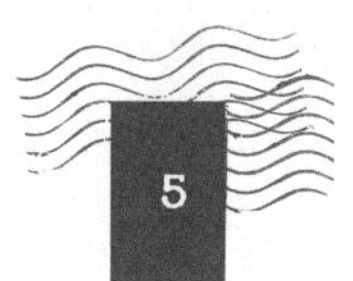

연둣빛 꿈이 숨을 쉽니다
(1980~1981년)

"내일 추석에는 밥이 설어 콩이 설컹하게 씹히거나 떡밥이 되어 찐득찐득 입천장에 들어붙지 않는 포실포실한 밥이 나오기를 바라며 따뜻한 미역국이라도 드실 수 있는 날이 되기를 바랍니다. 당신이 외로울 때, 당신이 제 곁에 오고 싶을 때 저 역시 그렇습니다. 당신의 그 그리움과 외로움은 혼자만의 것이 아니라는 것을 잊지 마세요."

"겨울 하나 넘으면 봄이 기다리고 우리가 만날 날도 멀리 있지 않으니 오직 예수 그리스도 안에서 정갈하게 삽시다. 어머니가 당신과 나에게 똑같은 색깔, 똑같은 실로 털 스웨터 짜주신 것을 입을 때마다 우리가 엄마 품에 함께, 역사 안에 함께 있음을 느낍니다."

1980년 1월 8일

이숙에게,

1980년대를 맞아 처음 쓰는 편지다. 팔십년 대는 우리나라로 보나 개인의 입장에서 보나 모두 큰 꿈이 실현될 해인 것 같다. 나 역시 변화된 환경 속에서 새 출발을 다짐하며 내 꿈을 씩씩하게 키워나가는 해로 맞이하고 싶다.

감옥에 들어 온 지 10개월이 됐지만 아직은 미결이라 모든 것이 잘 정리되지 않는구나. 몇 개월 후 기결이 되어 본격적인 징역살이를 하게 되면 훨씬 더 풍부하고 유익한 경험을 얻을 수 있을 것이다. 올해는 내게 있어서 뜻 깊은 해가 되도록 열심히 살 것을 약속한다.

며칠째 눈이 내린다. 매서운 날씨에 방 안에서도 코가 빨갛다. 이번 겨울을 튼튼히 지낼 수 있도록 열심히 운동한다. 내일이 항소심 재판이구나. 재판은 아무런 기대도 흥미도 없다.*

보고픈 얼굴을 볼 수 있는 것이 재판의 유일한 기쁨이다.

---

* 고문과 조작으로 얼룩진 재판은 형식적 구실만 갖추었을 뿐이었다. 2심 재판이 끝난 후 한
명숙은 서울구치소에서 광주교도소로 이송되었다.

1980년 2월 20일

2월 19일 이숙이 편지 받았다. 오랫동안 기다린 편지였는데 받고 보니 역시 나의 마음을 울려주는 감동적인 편지였다. 이숙이 편지를 읽으면서 언니는 눈물을 흘렸단다. 그동안 덤덤했던 내 마음이 작게 떨리기 시작하더니 어젯밤은 거의 뜬 눈으로 새웠다.

항소심에서 내가 꼭 나갈 것이라고 확신했던 엄마의 믿음이 갈갈이 찢어지면서 엄마의 가슴에 든 멍을 생각하면 무슨 말로 위로를 전해드려야 할지 모르겠다. 언니는 갇혀있는 몸, 아무런 능력이 없구나. 이숙아, 네가 언니 대신 엄마를 정성껏 위로해 드리기 바란다.

그리고 부탁 한 가지 하겠다. 앞으로는 옆에서 그 누가 엄마를 위로하느라 어떤 종류의 애기를 해도 헛된 기대를 걸지 말고 내년 10월 만날 것만 생각하도록 하자.

이숙이가 알고 있듯 언니는 무척 강하단다. 어떤 어려움이 다가

와도 결코 절망하지 않는단다. 나에 대해선 아무 걱정마라. 다만 공부할 책이나 잘 공급해주면 그것으로 만족한다. 미안한 마음이 앞서 그 외의 다른 얘기는 할 수가 없구나.

모든 분께 나의 진실과 사랑이 너를 통해 전해질 수 있기를 바란다.

1980년 3월 13일

이숙에게,

우수경칩이 지나고부터 우리 공장 앞뜰에 있는 개버들나무에 까치 부부가 둥지를 짓기 시작했다. 바로 작년 이맘 때 언니가 끝으로 면회를 다녀간 직후에 까치가 집을 짓던 바로 그 나무 그 자리다. 작년엔 길조라고 좋아했더니 웬걸, 언니의 편지가 뚝 끊어지는 변이 있었고 까치도 채 집을 짓기도 전에 딴 곳으로 집을 옮겨가고 말았다.

금년엔 그 까치의 새끼들인데 벌써 절반 넘어 짓고 있구나. 무슨 반가운 일이 있으려나! 까치집을 보면서 작년 이맘 때 일과 지난 한해를 돌이켜보며 멀리 남촌으로 생각을 달리게 된다. 대전에서 형부가.*

---

* 처제 한이숙에게 보낸 박성준의 편지. 한명숙과 박성준은 아직 서로에게 편지를 할 수 없어 동생 이숙이 부부를 연결해주는 역할을 하고 있었다. 박성준은 검열을 의식하여 아내가 수감 중이던 광주교도소를 '남촌' 이라고 불렀다.

1980년 3월 16일

이숙아,

남촌에서 봄소식 보낸다. 내가 사는 곳을 남촌으로 이름 지어주니 얼싸 좋구나. 오랜만에 낯익은 소식을 들으니 마음이 흐뭇하다. 나 역시 꿈속에서 보고픈 사람을 만나 그리움이 나래를 편다. 마음이 지척이면 천 리라도 지척이라는 말은 바로 내가 하고 싶은 말이었다. 이심전심인 듯싶다.

내가 사는 남촌 고장은 이제 봄이 오면 봄볕이 따스해 움츠렸던 어깨가 펴지고 한참 뛰고 나면 몸에 이슬땀이 송송 맺힌다. 하루 종일 갇혀있는 터라 운동시간은 하나도 낭비 없이 열심이란다. 체조도 하고 요가도 하고 배구도 하고 방 식구들이랑 치기어린 장난도 하는데 이곳 일과 중 가장 즐거운 시간이란다.

나도 이제 서울사람 껍데기를 조금씩 벗으면서 전라도 지방의 소

이숙아

南村에서 봄소식 보낸다. 내가 사는곳을 남촌이라 이름지어 주니 얼싸 좋구나. 오랫만에 낯익은 소식을 들어 마음이 흐뭇하다. 나역시 꿈속 에서나 보고픈 사람을 만나 그리움이 나래를 편다. 마음이 멋果이면 구멀라도 멋果이라는 말은 바로 내가 하고 싶은 말이었다. 아마 우리집 식구들은 어디에 있으나 이심전심인듯 싶다.

내가 사는 남촌 고장은 이제 봄별이 따스해 움추렸던 어깨가 펴지고 한참 뛰고 나면 몸에 이슬땀이 송송 맺힌단다. 하루 온종일 갗혀있는 터이라 운동시간은 하나도 낭비없이 열심이란다. 체조도 하고 뜀기도 하고 배구도 하고 방식구들이랑 화끼각남도 하는데 이때 일과중 가장 즐거운 시간이다. 나는 여긴 서울사람 깸데기를 진근씩 벗으면서 전라도 지방의 순박한 마음과 접하내면서 제법 사투리를 많이 배웠지. 그중에서도 제일 잘하는것이 각가리 "옥"이란다. 이다음에 면회오면 한번 선을 보일테니 놀리지 마라. 몸은 항상 찌뿍듯한것이 건강치 못한것이 사실이나 그동안 몸이 많이 천해져서 지러게고 누울정도로 않지는 않는다. 몸도 마음도, 말도 행동도 모두 천해져 간다. 그러나 그립스러웠던 그 너울이 벗끼어지려려면 아직도 멀었다. 나는 내가 이곳 에서 체험하는것중의 가장 貴한것이 바로 이 천한것이라고 느끼고있다. 이 천한것, 꺼리낌없이 나오는 소박한 욕들이 사실은 진짜일것이라고 생각해보면서 고달프지만 여러온 人生工夫를 해내고 있다.

오늘 책 받고 전에 넣은것 밖으로 내보냈다. 솔직히 말해 책을 거의 못 읽는다. 위쪽 방도 비좁고 사람도 많아 명장 읽으그때만 읽만 먹어야 된다. 지금 사정으로는 工夫는 불가능하다. 후에 보고싶은 책 부탁할때까지 당분간 책 보내지마라. 自由의 問題는 불허. Manger 포켙도 사전도 없고 하여 내보냈다. 어서 개결로 넘어갔으면 좋갔다는 생각이 간절하다. 독서와 사색은 어려운 처지이다.

아버지 생신 (3.22)은 엄마모시고 아버지 기쁘게 해드려라. 엄마 아버병원에서 하는 진단 속히 하도록 부탁한다. 부탁건데 면회는 자주 오지마라 다른 가족편에 우유등 면회물이나 부탁하고 편지나 자주 하자.

가만히 혼자 생각하는 시간이 그립다. 우리 함께 고생했던 사람들 모두 건강한지 궁근하다.   따스한 봄날   明淑 언니가.

박한 마음과 만나면서 제법 사투리를 많이 배웠지. 그 중 가장 잘하는 것이 갖가지 '욕'이란다. 이다음에 오면 한 번 선보일 테니 놀라지 마라.

그동안 몸이 많이 천해져서 몸도 마음도, 말도 행동도, 모두 천해져 간다. 그러나 고급스러웠던 그 너울이 벗겨지려면 아직도 멀었다. 나는 내가 이곳에서 체험하는 것 중의 가장 귀한 것이 바로 이 '천한 것'이라고 느끼고 있다. 거리낌 없이 나오는 소박한 욕들이 사실은 진실이라고 생각한다. 어려운 인생 공부를 하고 있다.

1980년 3월 17일

당신 안녕하오? 며칠 전 당신을 만나고 돌아온 이숙이의 편지에 당신이 눈이 피곤하고 아파서 책을 잘 못 본다는 말이 있기에 이곳 생활에서 눈을 보호하는 방법에 대해 몇 가지 내 경험을 말해 볼까 하오.

밖에서는 밤에 잘 때 잠자는 시간에는 불을 끄고 자는데 이곳에는 잘 때도 항상 불이 켜져 있소. 대부분 사람들은 곧 습관이 되어 별 지장이 없다고 하는데 나는 처음 입소했을 당시나 지금이나 밝은 불빛에 자는 것이 여간 불편한 게 아니오.

우선 숙면이 안 되고 자고 나더라도 눈이 따갑고 몸이 찌뿌둥하고 그래요. 그래서 고안해 낸 것이 '눈스크'라는 이름의 나의 발명품이오. 그걸 당신에게 소개하려는 것이오.

- 눈스크라는 이름의 유래 : 눈스크는 눈에다가 하는 마스크이므로 마스크의 '마'자를 떼 고 '눈'자를 넣은 것임.
- 눈스크의 제작법 : 엷은 천(수건 또는 가제면 더욱 좋음)을 가로 15센티, 세로 7센티쯤 되게 다섯 겹으로 접은 것에 양쪽에 끈을 붙여 귀에 걸게 함.
- 눈스크의 사용법 : 눈스크는 항상 청결한 것을 사용해야 하므로 세 개를 만들어 놓고 자주 빨아서 교대로 사용할 것. 때가 잘 타도록 흰색 천으로 해야만 자주 갈게 됨.
- 눈스크 사용의 이점 : 취침 시 직사광선을 눈에 받지 않게 됨. 숙면할 수 있고 아침에 일어나면 안구가 시원하고 몸이 가뿐함. 좋은 잠에 고운 꿈꾸면 임도 보고 뽕도 따고…….

당신, 책에 너무 욕심 부리지 말고 눈을 쉬도록 해요. 하고 싶은 말 태산 같으나 훗날로 미루고 이만 줄이오.*

---

*박성준이 집으로 보낸 편지. 아내에게 편지를 쓸 수 없자 박성준은 집으로 편지를 보냈다. 그리고 이 편지를 한이숙이 다시 편지에 써 한명숙에게 보내주곤 했다.

1980년 4월 2일

이숙에게,

따스한 봄볕이 흙을 녹이고 파릇파릇 새싹을 대지 위로 싹트게 한다. 방금 운동시간을 맞아 먼저 체조를 하고 운동장을 몇 바퀴 뛰고 시간이 될 때까지 다시 운동장을 걸었다. 지난 토요일부터 어제까지 날씨가 궂고 비가 와서 한 평 반짜리 방 안에 내내 갇혀 있다가 닷새 만에 높고 푸른 하늘을 대하니 마치 내 세상 만난 듯 기분이 날개를 펼친다.

이 시간이면 우리 방에는 햇볕이 거의 반 지나가고 앞으로 1시간 후면(3시 30분) 저녁밥 먹을 시간이 된다. 그러면 방 식구 모두는 오늘도 지루했던 하루가 다 지나갔구나 하며 한숨을 내쉰다. 쳇바퀴 돌듯 똑같은 일과가 계속되는 징역생활 속에서 무기력해지지 않도록 의미를 찾아내기란 무척 힘든 일이다.

그러나 2년 반 동안의 내 징역살이는 전체 일생을 통하여 또 다른 의미를 갖게 하는구나. 직접 징역살이를 체험하고 보니 오랜 징역생활 속에서 자신을 잃지 않고 꿋꿋이 지내는 사람이 얼마나 위대한 사람인지를 새삼 깨닫는다.

1980년 5월 19일

이숙에게,

오늘 대법원으로부터 피고인 소환장을 받았다. 형이 확정되면 그 날로부터 약 열흘 후면 기결로 확정되어 기결방으로 넘어갈 것 같다. 언니는 사건 내용도 알아보고 차분히 본격적인 징역살이 준비를 하려 한다.

매우 어지러운 때 나는 이곳에서 편히 있다 생각하니 밖의 사람들에게 죄송스러운 마음이 든다. 그러나 이러한 고난의 시기를 맞아 우리는 한마음으로 예수님의 뜻을 잊지 말고 살아나가자. 갇혀 있어도 밖 걱정이 크구나.* 광주에서 언니가.

---

*검열 때문에 표현을 못했지만 당시 불안한 생활을 하고 있었다. 한명숙은 광주교도소의 유일한 여성정치범이었으며, 이로 인해 교도소 당국으로부터 2중, 3중으로 감시당하고 있었다. 광주항쟁 때는 열흘 간 건빵으로 끼니를 때우며 방에 갇혀있어야 했다.

1980년 6월 17일

이숙에게,

기결로 확정되어 저녁식사 후 방을 옮겼다. 처음 광주에 왔을 때 살던 방이라 퍽 익숙했고, 좋은 방 식구들이 어찌나 환경을 깨끗이 정돈해 놓았는지 아마 너는 상상도 못할 것이다. 식구가 전보다 적어서 공부하기에도 안성맞춤이란다.

기결이 되면 한 달에 면회는 한 번, 편지도 한 번밖에 안 된다. 그러나 너희들은 나에게 얼마든지 편지를 할 수 있다.

광주는 이제 어느 정도 회복이 되었다고 들었다. 그동안 우리 식구가 이 혼란 속에 가졌던 걱정들은 말끔히 씻어버리자. 그리고 무슨 일이 생겨도 이 안은 안전하니까 나에 대해서는 심하게 걱정하지 마라.

이 역사적인 시기에 광주교도소에 앉아서 개인의 일과 우리 식구의 일, 나아가 이 사회에 대해 깊이 사색할 수 있었다.

7월에 식구 모두가 광주로 오겠다고? 나는 반대다. 우리는 모두 한 푼이라도 아껴야 한다. 특히 이 시기는 하고 싶은 것, 보고 싶은 것 모두 참고 아껴두자. 이제 곧 동생들의 등록금이 필요할 것이고 그러면 엄마가 또 힘드실 텐데 오가는 길에 돈 없애고 무엇 하러 오려 하니. 낭비할 필요 없다. 앞으로 면회는 2,3개월에 한 번씩 오도록 계획해라. 그리고 편지로 모든 것을 연락하자.

1980년 9월 16일

선숙이에게,

9월에 보내는 편지다. 이 편지를 다 쓰고 나면 또 서른 밤을 지내야 편지를 보낼 수 있다. 선숙아! 늘 웃음을 잃지 않고 소박한 인상을 풍기는 너를 오랜만에 대하니까 언니 마음이 흐뭇하구나. 약 7,8개월 만에 보는 셈이지.

너의 대학생활이 어떻다는 것은 몇 번의 편지를 통해 비교적 소상히 알고 있다. 앞으로 3년 동안 남은 학창시절이 보람되기를 바랄 뿐이다.

9월은 추석이 들어있는 달이다. 우리들의 소원이 얼기설기 깃들은 둥근달을 우리 식구 모두가 바라보고 향수를 달랠 수 있을는지. 이번 추석날은 엄마가 밥상 받아놓고 눈물 흘리시지 않도록 너희들이 밝은 분위기를 만들고 엄마를 잘 위로해 드리렴.

해 안 드는 내 방 변소 창문을 통해 추석날 밤 둥근달을 볼 수 있을까? 내 방의 작은 창으로는 하늘의 아주 작은 조각밖에 보이지 않는다. 눈 얹어 쉴 수 있는 나무 한 그루도 보이지 않은 작은 공간이기 때문에, 나는 그날 안 보여도 보는 듯이 생각하며 보고 싶고 만나고 싶은 그리운 사람들을 생각하려 한다.*

---

* 광주항쟁이 진압되자 당국은 정치범 한명숙을 광주교도소에서 전주교도소로 이송한다. 한명숙은 당시의 상황을 굴비두릅 엮듯 꽁꽁 묶여 이감되었다고 회고했다.

1980년 10월 14일

여보, 어제 담임 목사님으로부터 당신 있는 곳의 주소를 얻었소. 앞으로는 간단한 안부 전하며 혼자 있는 당신 방의 냉기를 덜어 드릴까 하오.

당신의 건강은 어떠하오? 동생들을 통하여 대강은 듣고 있소만 자세히 몰라 답답하오.

집은 갈현동으로 이사한다고 하였소. 우리 동생들이 부모님을 잘 모시고 그렇게도 지성스럽게 형네들 옥바라지를 하며 씩씩하게 자라나는 모습을 볼 때 자랑스럽기가 한이 없습니다.

괴나리 봇짐지고 광주에서 전주로 옮겨질 때의 나그네 심사를 이숙이가 전해줍디다. 당신이 세상에서 일에 시달려 지쳤을 시절에 동경했던 인적 드문 조용한 곳에 있게 되었으니 남은 1년의 시간이 '금싸라기' 바로 그것이겠구려! 거기도 사람 사는 곳이고 사람 사이의 관계에 관해선 나는 당신을 믿는 바인지라 늘 마음 놓고 있소.

겨울 하나 넘으면 봄이 기다리고 우리가 만날 날도 멀리 있지 않으니 오직 예수 그리스도 안에서 정갈하게 삽시다. 어머니가 당신과 나에게 똑같은 색깔, 똑같은 실로 털 스웨터 짜주신 것을 입을 때마다 우리가 엄마 품에 함께, 역사 안에 함께 있음을 느낍니다.

숙이 씨, 머슴 밥그릇에 밥 눌러 담듯 더 많은 말 담고 싶으나 훗날의 큰 기쁨 위해 봇물 가두듯 해 두려오. 아름다운 조국의 가을 하늘 높이 제비들이 떠서 기나긴 여행을 준비하고 있습니다. 그들을 따라 나도 이 편지의 등에 올라앉아 당신 있는 향촌으로 날아가고 싶소.*

---

* 드디어 부부간의 편지 왕래가 허락되어, 남편 박성준이 아내에게 쓴 편지다. 박성준은 전주 교도소를 '향촌'(향기로운 마을)이라 이름 지었다.

1980년 10월 28일

    며칠 전, 천안 조금 지나서 있는 현충사에 사회참관을 다녀왔습니다. 대전에서 버스로 약 1시간 반. 만약 남쪽으로 달렸더라면 당신 계신 전주에 닿았으련만…….

    순화 훈련을 끝내고 점심밥을 먹고 청소를 마친 시간에 당신 편지를 받았습니다. 당신의 글씨는 연필이라 그런지 한 자, 한 자에 온 힘을 쏟아 부은 듯 너무 힘들게 또박또박 하여 나의 눈시울을 아리게 하였습니다.

    "혈압이 낮고 얼굴과 손이 항상 붓고, 한 달에 한 번 정도 어김없이 몰려오는 몸살을 이겨낼 면역이 없는 것입니다." 이 구절은 어머니, 원철이, 이숙이로부터 듣던 바와 너무나 달라 가슴이 철렁 내려앉았습니다.* 어쩌면 좋아!

    그러나 당신이 건강을 위해 최선을 다해 노력하고 있는 것을 믿기 때문에 나는 용기를 내어 살겠습니다.

당신의 편지 끝자락에 쓴 '샛별' 얘기로 미루어 보아 당신이 살고 있는 방의 위치와 형편을 대략 짐작하겠습니다. 내가 사는 방도 바로 그 시간에 변소 창으로 샛별을 볼 수가 있습니다. 그러므로 우리의 방은 대체로 같은 방향으로 놓여있는 모양입니다. 당신의 방에는 낮에 햇볕이 안 드는가 보군요, 쯧쯧.

지난 24일 이숙이가 다녀갔습니다. 당신에게 편지했다고 했더니 활짝 웃으며 반가워했고, 나는 "아마 언니 방에 작은 석유난로 하나 좋아 준 폭은 될 거야"라고 농담을 했습니다.

정말 내 편지가 당신 방을 좀 따뜻하게 할 수 있기를 간절히, 간절히 빌겠습니다.

---

*한명숙은 한 평 반짜리 독방에 수감되어 있었다. 창으로 햇볕이 들지 않아 불을 끄면 낮에도 칠흑같이 어둡다 하여 일명 '먹방'으로 불렸다. 자신의 건강과 현실적인 여건들을 가족에게는 말하지 못했지만 남편에게는 하소연했다.

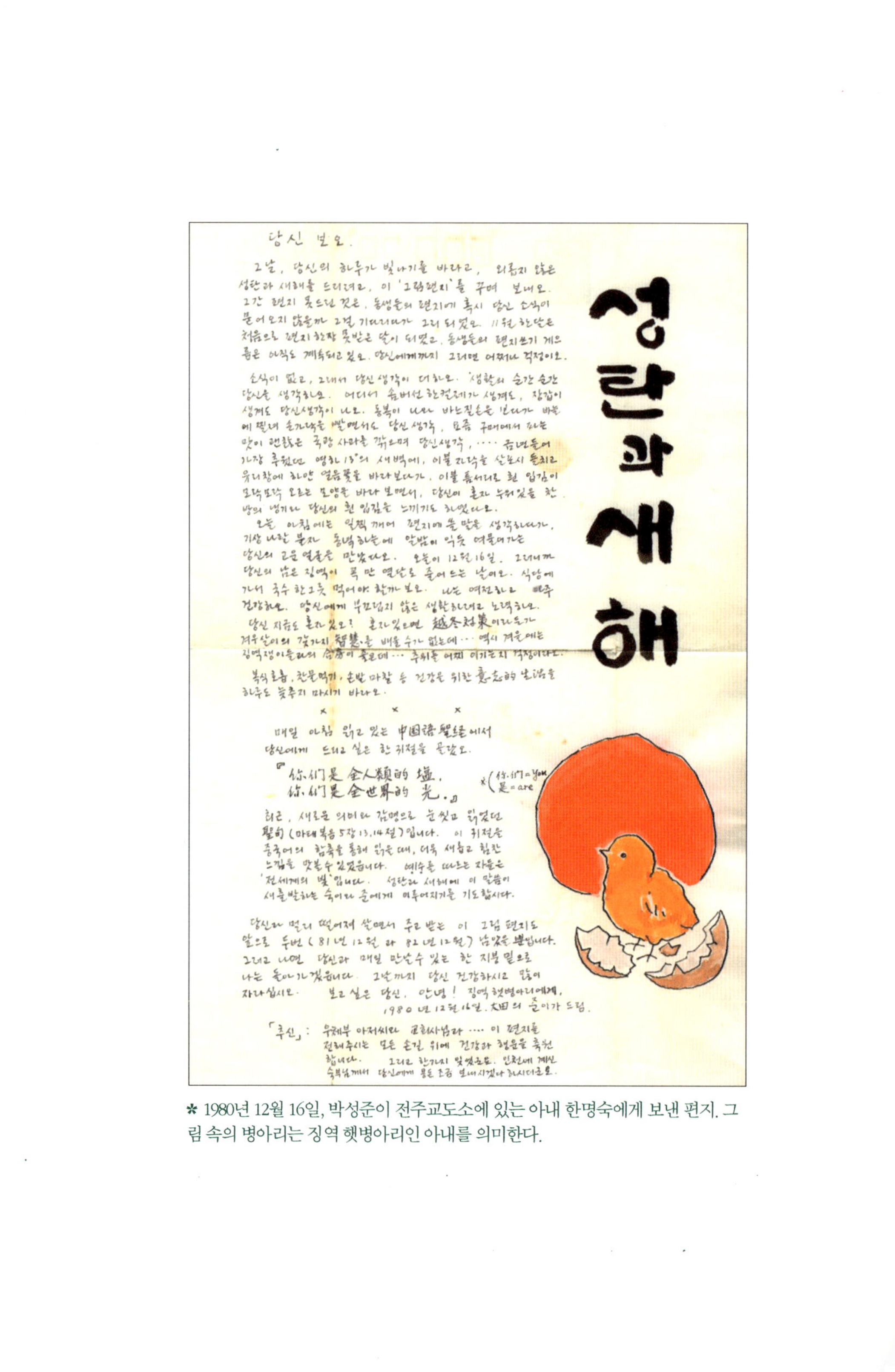

성탄과 새해

* 1980년 12월 16일, 박성준이 전주교도소에 있는 아내 한명숙에게 보낸 편지. 그림 속의 병아리는 징역 햇병아리인 아내를 의미한다.

1980년 12월 19일

아우들아. 모두들 이리와
아침 산에 뜨는 해를 보아라.
새해의 새 아침이 열리고 있다.

엄마의 일손 돕던 원상이 양동이 두 개
가져다 올라서고, 공부하던 원아는
책 한 아름 쌓아놓고 올라섰네.
책만으론 안 되지
일만으론 안 되지
지혜의 키를 높이려 하면.

'공부'와 '실천'이 두 손 굳게 맞잡을 때

* 박성준이 아내와 자신의 이름으로 꼬마 처남들에게 보낸 그림편지.

그때 아우들은 거인巨人이 될 거야.
아버지 요셉을 도와 목수 일을 하며
소년 예수는 지혜의 키가 무럭무럭 자랐단다.

아우들아 어서 자라거라,
온 누리 보이도록.
어서 크거라, 온 역사 보이도록.

—멀리서 누나와 매부의 목소리

1981년 2월 2일

숙, 보시오.

냉방에서 혼자 지내는 당신에게 내가 해드릴 수 있는 일이라면 편지뿐인데 그것마저 자주 보내지 못하였으니 미안하오.

공장 안 공기가 하도 차서 잉크가 얼어붙은데다 장갑을 벗고 편지 한 통을 쓰고 나면 손가락에 얼음이 박히기 일쑤라 펜대를 잡기가 쉽지 않았소. 그러나 마음은 늘 당신에게 가 있었고 꿈길 따라 당신 사는 작은 방 앞에 가서 기웃거렸다오.

이숙이 편지에 당신이 나의 편지를 받고 기뻐하는 글이 몇 줄 실려 왔더군요. "편지가 왔단다. 얼마나 멋있고 기쁜 소식이냐! 상상도 못했던 일이다"로 시작하여 "어찌나 자랑스러운지 모르겠다. 나도 답장했다. 앞으로 석 달에 한 번은 그곳으로 편지를 하려 하니 동생이여 양해하기를!"까지.*

당신의 남편 되기에 부끄럼 없는 사람인 것이 기쁘고 행복하였소. 좋은 친구, 남은 인생의 멋진 길동무일 것을 맹서하오. 오늘이 2월 2일, 사나흘 후면 설이오. 우리 방에서는 설 잔치 준비를 하고 있는데 당신은 혼자서 어쩌지?

높다란 지붕 처마 끝에 줄줄이 매달렸던 팔뚝만 한 고드름들. 묵시록에 나오는 거대한 괴수의 이빨 같았던 그 고드름 끝에 물방울이 방울방울 매달려 햇빛에 반짝이다가 떨어지곤 합니다. 아직 우리들은 두꺼운 방한 솜옷 안에 싸여 겨울에 주눅 들린 꼴을 하고 있지만 가슴 속에는 봄 준비가 이미 시작되었습니다. 투박한 껍질 속에 봄의 연둣빛 꿈이 숨 쉬고 있는 겨울나무들처럼 말입니다.

---

*당시 4급 기결수인 한명숙은 편지를 월 1회 쓸 수 있었는데, 석 달에 한 번은 남편에게 쓰겠다며 다른 가족에게 양해를 구한 것임.

1981년 4월 16일

오늘은 4월 16일. 형기를 채우고 나오는 크리스찬 아카데미 가족 한 분을 맞이하기 위해 어머니께서도 다른 가족과 함께 향촌으로 내려가시는 날로 기억하고 있습니다.

나도 멀리서나마 한 술 마음을 보태어 나오시는 분께 반가운 인사를 보냅니다. 아울러 당신의 징역이 만 두 해를 넘기고 여섯 달로 동강난 것에 축하를 보냅니다. 재작년 이맘 때 당신 소식을 몰라 애태우던 내 마음을 위로해 주던, 변소에서 보이는 담 너머 포플러 나무도 새잎을 피웠고 개나리와 돌복숭아꽃도 눈부시게 피었습니다.

지난겨울 한참 추위가 지독하던 때 저 나무들이 그만 얼어 죽는 것이나 아닌지 걱정했더니 웬걸 겨울 내내 열심히 준비했던 생명의 잔치를 봄 하늘에 펴 놓기 시작했습니다. 미루나무 가지에 비집고 나온 고사리 손들이 일제히 봄 하늘에 주먹을 펴 흔들고 있습니다.

그 모습은 엄동을 이긴 자들의 승리의 깃발 혹은 환희의 아우성과도 같습니다. 나는 소리 없는 소리로 화답하였습니다.

우리가 훈련 받는 길목을 지키며 금년에는 더 축축 늘어진 가지마다 선혈인 듯 연분홍 꽃을 피운 돌복숭아나무. 이 꽃을 보면 당신을 본 듯하여 목이 메입니다.

1981년 5월 13일

5월이 오기를 손꼽아 기다리는 당신의 모습을 자주 떠올리면서 지난 9일 '편지 신청' 소리에 귀가 번적 뜨여 신청을 끝낸 후 겹친 두 공휴일을 보냄이 마치 두 달을 보냄과 같더이다. 춘삼월의 봄볕을 일깨워준 지난번 당신의 편지를 포함해 모두 13편의 글을 받고 그에 따라 하고픈 말 넘쳐흐르나 이 작은 그릇에 모두 담을 재주 없음이 한스럽습니다.

기온이 오르락내리락하는 요즘 건강은 어떠신지요? 저는 그동안 맥없이 곤하기를 두 달 남짓, 그러니까 봄 앓이를 좀 한 셈인데 지금은 기운이 잡혀 건강한 편이고 다만 눈의 피로가 골칫거리일 뿐입니다.

지난 시절을 뒤돌아보니 불쌍한 소년수에게 글을 가르치던 일, 정신이 약간 온전치 못한 아줌마에게 〈미아리 고개〉를 배우던 일,

광주서 같은 방 애기의 이모 노릇을 어쩌나 잘했는지 그 아기를 주겠다고 하던 그 장기수 엄마의 얼굴, 아가의 어리광들이 주마등처럼 스쳐 이젠 이미 옛 추억으로 남게 되었습니다.

지금은 역시 혼자. 주로 책을 보며 세계를 돌아다니면서 친구를 사귀고 자유롭게 사고하며 공부하고 있습니다. 얼마 전 창비사에서 보내 준 『객주』를 읽고 호탕한 잡초들과 어울렸으며 지금은 『쟝크리스토프』를 읽고 있습니다.

그 많은 고통 속에서도 진실을 포기하지 않는 쟝크리스토프의 모습이 바로 당신인 것만 같이 느껴집니다.

이 경험 속에서 저는 당신의 고통의 실상이 얼마나 깊고 큰 것인지를 비로소 깨달았습니다. 하마터면 가장 가까운 생의 동반자를 아주 조금밖에 이해하지 못할 뻔했습니다.

저는 여기서 책이 없을 때가 가장 우울하고 좋은 책을 받을 때가 가장 기쁩니다. 책 독촉을 하던 당신을 이해하게 되었습니다.

1981년 5월 25일

당신의 세 번째 편지 잘 받았습니다. 편지를 한 장 또 한 장 받을 때마다 나는 하늘의 별을 따서 가슴에 단 소년이 되곤 합니다. 당신의 글 한 편, 한 편은 내게 있어 빛이요 기쁨이며 자랑입니다.

당신이 내 곁으로 와서 살게 된 후로 나의 아픔의 실상에 접하며 그 아픔의 크기와 깊이를 알게 되었다는 말, 이 말은 내게 있어 결코 마음 편하게 들어 넘길 수 있는 이야기가 아닙니다. 당신이 내 곁에 와서 겪고 있는 고통 때문에 나는 얼마나 곱으로 아팠는지!

1981년 7월 9일

별을 따는 소년에게,

6월 24일 이숙이가 면회를 와서 이번 달 편지는 꼭 형부에게 하라고 당부하고 갔기에 당신 차례가 한 달 빨라졌습니다. 당신께도 들른다고 했는데 만나셨는지요?

저는 왠지 면회하는 것이 이곳 생활하는 데 별로 도움이 되지 않고 면회 후에는 공연히 우울해지기가 일쑤여서 오는 것을 마다했더니, 주위 사람들이 물어보는 등쌀에 못 견디겠다며 찾아왔습니다.

저는 당신 편지 잘 받고 기운차게 살고 있습니다. 저는 처음으로 감기를 건너뛰었으며 평생 50킬로그램을 넘어 보지 못하던 체중이 바야흐로 56킬로가 되었으니 징역 살이 덕지덕지 붙은 셈입니다.

요즘은 무더위 때문에 책 보기가 힘들어 빈둥빈둥 지내고 있습니다. 서너 발자국 걸으면 끝인 방구석을 이리저리 거닐며 소위 '방

산책'을 자주하고 있습니다. 건강은 처음에 제가 이곳에 올 때에 비하면 무척 좋아진 셈입니다.

벌써 7월입니다. 이제 석 달 가량 있으면 서로 만날 날이 다가옵니다. 서로 떨어져 만나지 못한 지 팔백 일이 넘었지만 마음과 생각이 교통하고 밀착됨은 전보다 더합니다. 제가 10년이 넘도록 이토록 꿋꿋이 살아온 것은 아내로서 남편인 당신을 단지 기다린 것이 아니라, 반려자로서 당신과 함께 살고 있다는 자부심이 당신과의 튼튼한 다리를 놓은 것이라고 생각합니다. 부디 튼튼히, 편안히.

1981년 8월 20일

사랑하는 남편에게,

두 해 반 만에 만나는* 당신의 모습 속에서 그간의 헤일 수 없는 고통이 서리서리 잠겨있는 것을 알 수 있었습니다. 저로 인한 당신의 고통을 누가 가늠할 수 있겠습니까?

맞잡아 보는 깊은 눈길과 그 목소리는 여전한데 유난히도 창백한 얼굴과 여윈 볼이 우리들의 가슴을 철렁하게 했습니다. 저는 다른 생각은 할 수 없었고 "어서 빨리 끄집어내야지" 하는 말만 가슴 속으로 되뇌었습니다.

그날 저는 퍽 태연하려 했으나 속으로는 눈물을 흘렸으며 2년 6개월 징역을 산 사람의 직감으로 당신에게 안 좋은 일이 생겨 건강을 해친 것을 알 수 있었습니다. 건강회복을 위해 계란 · 우유 · 과일 사 먹는 일을 게을리 하지 마십시오. 그리고 어떤 상황에서도 여유와 침착성을 잃지 말고 바로 생각하고 행동하시기를 부탁드립니다.

저는 반갑게 맞이하는 식구들과 "중국 갔다 이제 오냐" 하며 안아주시던 아버지에 둘러싸여 정신이 벙벙한 채로 첫날을 지냈습니다.

내일은 우리 일 관계자 한 사람과 당신 일에 대하여 의논하기로 했습니다. 있는 힘을 다하여 당신과 만날 날을 앞당기기 위해 최선의 노력을 다할 터이니 희망을 가져봅시다. 부디 건강 회복에 노력하여 다음에 볼 때는 좋은 얼굴 볼 수 있기를 바라겠어요. 편지 쓰는데 마음과 손이 떨렸습니다.

---

*1981년 8월 15일 석방되어, 서울로 오는 길에 대전에 들러 2년 반 만에 남편을 면회하고 온 한명숙의 편지. 석방 직후부터 한명숙은 적극적으로 남편 석방운동을 펼치기 시작한다.

1981년 8월 25일

오늘이 나온 지 열흘 째 되는 날입니다. 그동안 편지함 보기를 시간마다. 당신 소식 기다리는 마음 간절했는데 오늘 아침 당신 편지 받아보았습니다.

갈현동 주소에 '韓明淑'이라 적힌 편지를 받아 든 이 기쁨! 감격에 손이 바르르 떨렸습니다. 전주가 아닌 서울, 다정한 엄마 옆에서 자는 이 기분은 나그네가 제 고향을 찾아 돌아온 아늑함입니다. 그러나 당신은 그 머나먼 나그네 길을 걸어오고도 아직이니 저의 기쁨은 순간이요, 모든 것은 미완성입니다. 이 반쪽 인생이 온전한 것이 되도록 최선을 다할 것을 당신께 약속드립니다.

나오던 날 나의 멀쩡함에 사람들이 놀랄 정도였으나 하루하루 지날수록 힘들어지는 것 같아서, 26일 목사님 귀국 후 인사를 나눈 뒤 어디 공기 좋은 곳에 가서 한 달 정도 쉴 계획입니다.

그날, 당신 한 대 얻어맞은 사람처럼 집중력이 없고 정신 나간 사람 같았는데 그 말 못하는 외로움! 이젠 거울에 비춰보듯 다 알 수 있습니다. 항상 어느 곳, 어디에서도 이성을 잃지 말고 옳게 생각하고 행동하실 것을 믿고 염려하지 하지 않습니다. 부디 건강이 좋아지기를 빌며.

1981년 9월 11일

아침산책을 끝내고 한적한 시간이 되면 늘 당신 생각이 사무쳐옵니다. 지금은 무얼 하는 시간일까요? 시계가 아침 7시를 가리킵니다. 세면을 끝내고 아침 배식으로 한참 떠들썩할 때겠군요.

내일 추석에는 밥이 설어 콩이 설컹하게 씹히거나 떡밥이 되어 찐득찐득 입천장에 들어붙지 않는 포실포실한 밥이 나오기를 바라며 따뜻한 미역국이라도 드실 수 있는 날이 되기를 바랍니다.

명절이 되면 더욱 쓸쓸해지는 우리들, 그 무엇으로 위로를 받을 수 있을까요.

오늘 저녁에 저는 이곳을 떠나* 동생들과 송편을 빚기로 되어있습니다. 하나 또 하나 송편을 빚으며 훗날, 그리 멀리 있지 않은 그 날을 생각하며 즐거워하겠습니다.

---

*당시 한명숙은 감옥살이에 지친 심신을 회복하기 위해 경기도 부곡에서 요양 중이었다.

1981년 9월 16일

안녕하셨어요? 입맛이 제대로 돌아왔는지? 이번 여름은 너무나 더위가 심해서 옥살이하는 사람들에게는 치명적으로 건강을 해치기 쉬웠습니다. 저도 한참 더울 동안은 거의 잠도 자지 못하고 창문 하나 없는 먹방에서 물수건을 배와 등에 얹고 부채질을 하며 밤을 꼬박 새운 날도 여러 날이었습니다. 음식물이 금방 부패되어 사먹지도 못하고 까칠한 밀밥 물에 말아 두어 숟갈 퍼 넣고 끼니를 때우기 일쑤였습니다.

제가 새삼스럽게 지난날의 고생을 들먹이는 이유는 그 안에서의 건강관리가 앞으로 우리가 살 남은 생애를 결정적으로 좌우할 것이라는 생각 때문입니다.

오늘이 나온 지 한 달째 되는 날인데 반가운 사람들 만나는 기분에 들떠 얼떨결에 지냈습니다. 지금 어느 정도 정돈을 해놓고 조용

히 지낸 지 일주일가량 되는데 점점 더 후유증이 나타나기 시작합
니다.

생활의 리듬이 달라져 한동안 퍽 고전을 하였지요. 식사시간·기
상시간·취침시간 등의 변경, 매연과 소음들, 이 모든 것이 어찌나
짜증스럽던지 매일매일 어디로 도망치고 싶었습니다.

저는 당신이 나오기 전 도시를 벗어나 서울 가까이 어느 초라한
변두리에 땅을 사놓고 기다리겠어요. 당신 나오신 후 둘이 함께 우
리가 살 조그마한 집을 우리 손으로 만들어 봐요.

1981년 9월 24일

무척이나 기다리던 편지였는데 23일 이숙이가 이곳에 다녀가면서 전해주었습니다. 건강에 별 이상이 없다는 얘기가 제일 반가웠고 좋은 책을 받고 기뻐하시는 모습을 상상할 수 있어서 흐뭇했습니다.

오늘은 잔뜩 찌푸리더니 부슬부슬 찬비가 내리기 시작하는군요. 기온도 쌀쌀하고 감기가 들기에 딱 좋은 날씨입니다.

당신에게 가기 전에 숙부님 댁에 들러 혼인신고* 준비를 하려 합니다. 그리고 당신과 만난 후에 다시 한 번 가을여행을 채비하고 싶습니다. 면회는 9월 말경에 하게 될 것 같군요. 당신의 아내.

---

*신혼시절 미처 혼인신고를 하기 전에 남편이 구속되었는데, 남편의 석방운동을 하는 중 가석방 죄수에게는 보호자가 필요했기에 혼인신고를 하게 된다.

1981년 10월 7일

10월 6일 이숙이와 무거운 배낭을 등에 짊어지고 추곡 약수터를 찾아왔습니다. 한 달을 머물 예정으로 이곳을 찾았습니다. 더 이상 바랄 것이 없을 정도로 좋은 곳입니다.

서울서 춘천까지 2시간, 춘천에서 험한 산길을 따라 1시간 40분이니 4시간 정도 온 셈입니다. 첩첩산중 계곡을 따라 약수터 가는 길목에 대여섯 채의 하숙방이 있는데 제가 살 방은 서너 명은 충분히 잘 수 있는 크기입니다. 넓은 방을 택했는데 이젠 좁고 답답한 곳은 질색입니다. 감옥에서 독방신세를 오랜 진 탓이겠지요.

이곳은 강원도에서 약수성분이 가장 좋다는 판정 결과로 한여름철에는 발 들여놓을 틈이 없을 정도로 붐비는 곳입니다. 그러나 지금부터 봄철까지는 한가한 편이라 가격도 싸고 조용해서 저 같은 사람에게는 안성맞춤입니다.

방금 잠자리 들기 전 군불을 지피고 낮에 산에서 주워온 나뭇가지들을 얹어놓았습니다. 탁탁 불꽃 속에서 나무 튀는 소리, 불길 따라 배어드는 나무 타는 내음. 어두운 산 중에 물소리는 애잔하고 뒤뜰 아궁이 앞에서 군불 때는 서울 아줌마. 지금 아주 편안합니다.

당신이 외로울 때, 당신이 제 곁에 오고 싶을 때 저 역시 그렇습니다. 당신의 그 그리움과 외로움은 혼자만의 것이 아니라는 것을 잊지 마세요.

"나의 고통은 이 세상 모든 사람의 근심이 끝날 때까지 계속되는 것이다"라고 한 어느 신학자의 말이 문득 떠오릅니다.

1981년 10월 19일

추곡에서 써 보낸 편지 받았소. 하루 일을 끝내고 찬물로 깨끗이 씻고 막 저녁밥을 받아 든 때였소. 공장에서 편지를 읽고 싶었지만 참았소. 방으로 가지고 들어가 저녁 점검시간이 끝날 때까지 꾹 기쁨을 눌러두고 있었소. 방 벽에 등을 기대고 앉아 당신 편지를 읽기 시작했소.

당신 편지를 읽고 나니 마음이 편해졌습니다. 고맙소. 당신 있는 그 산골짝에 나도 함께 가 있는 느낌이오. 추곡의 약수가 당신 건강에 보탬이 되길 빌며.

1981년 11월 9일

인쇄공장이 바빠지는 계절이라 손을 빼서 편지 쓰는 일도 그리 쉽지는 않소. 당신 건강도 좋지 않아 편지 쓰기 힘들겠지만, 편지를 보고 내가 걱정을 덜게 된다는 것 아시고 되도록 자주 소식 주기 바라오.

한 가지 반가운 소식이 있소. 1급 우량수 접견실이 다시 부활했소. 전에 해보아 알겠지만 투명 칸막이가 없어 얼굴 표정을 가까이 읽을 수 있고 작은 목소리로 마음을 전할 수 있는 접견 분위기. 얼마나 반가운지 모르겠소. 당신을 속히 한번 보고 싶구려!

2,3일간 공장에 나오지 않게 되어 며칠간 편지를 못 쓰게 될 것 같아 급히 쓰느라 두서가 없소. 볼펜 잉크가 자꾸 얼어 겨드랑이에 끼어가며 쓰고 있소. 건강을 빌며…… 당신을 속히 보고 싶소.

1981년 12월 1일

당신에게,

어제는 『역사의 교훈』 중 감동적인 대목을 읽다가 잠이 들었소. 솜이불 위에 담요를 서너 장 깔고 어깨로 들어오는 바람을 스웨터로 틀어막고 목둘레엔 타월 한 장, 직사광선을 막는 눈스크, 이렇게 빈틈없이 채비하고 잠을 잔다오.

간밤엔 눈이 왔소. 아침에 빨래를 해서 공장 뒤 철삿줄에 널러 갔는데 담벼락 위에 눈이 소복이 쌓여 푸른 하늘과 맞닿은 곳에 아름다운 흰 띠를 이루고 있었소. 어찌나 곱던지! 빨래를 해서 빨개진 손으로 눈을 꽁꽁 뭉쳐 담 너머로 힘껏 내던졌소. 눈공은 15척 담장 너머로 흰 포물선을 그으며 날아갔소.

이제는 슬슬 4,5년 묵혀두었던 영어책도 좀 거들떠보기로 했소. 당신이 보았다는 『22,000단어』도 한번 보아두고 싶소. 나가면 벌어먹고 살 직장도 구해야 하니까 참고로 알아두시오. 나는 그동안 중국어를 꾸준히 공부해서 소설을 읽는 것은 물론 회화까지도 가능하게 되었소. 현재로선 아직 일어 쪽이 더 나은 편이지만 날이 갈수록 중국어 실력이 늘어가고 있습니다.

아마 오늘 기온이 영하 5도쯤 되나 보오. 볼펜을 체온계 마냥 겨드랑이에 끼었다가 쓰고 또 끼었다가 쓰고 하였소.

당신, 준이가 징역만 살아 세상물정 모른다고 너무 주눅들이지 말고 잘 가르쳐주구려. 선생님께 차렷, 경례! 하하!*

---

*박성준은 1981년 12월 25일 새벽, 크리스마스 특사로 석방되었다.

▲비록 세들어 살고 있는 집의 방 한 칸을 또 세내어 살았지만 꽃처럼 아름답고 행복한 시간이었다(1986년).

◀한명숙 박성준 부부는 결혼 18년 만에 아들을 얻었다. 부부의 성을 한 자씩 따 '박한 길'이라 이름지었다(1986년).

✱ 군인이 된 아들 길이와 함께(2007).

참으로 오랜만에, 당신에게 쓰는 편지

아침 6시에 잠이 깨어, 밥 앉혀놓고 마 뿌리 씻어 알맞은 크기로 썰어 작은 접시에 담아 당신 자는 방문 앞에 소리 안 나게 놓았소. 옛적 어머니들이 정화수 한 그릇 떠놓는 마음이 이런 것이었겠지 싶소. 길이가 멀리 공부하러 떠나가고 없는 요즈음, 당신을 위로하고 보살피는 일이 오롯이 내 몫이라는 느낌이 더욱 절실하오.

오늘은 오래 전부터 가고 싶어 했던 충남 청양의 '고운식물원'을 찾아가는 날. 아침을 지어 당신 먹여 보낸 후, 설거지 대강 해놓고, 지하철 3호선으로 강남고속버스터미널로 갔소. 12시 50분에 출발한 버스는 오후 3시 20분 청양읍에 당도했소. 겨우 2시간 반이면 올 수 있는 곳을 그리도 벼르며 오지 못했던가 생각하니 피식 웃음이 나왔소. 서울행 막차가 7시 40분에 있다니 식물원을 둘러보고 오늘 집으로 돌아가는 것도 아주 불가능한 일은 아니니 말이오.

'고운식물원'에 들어서는데 가랑비가 내리기 시작했어요. 우산에 떨어지는 빗소리를 들으며 식물원 경내를 죽 둘러보았어요. 10여만 평이나 되는 넓은 산자락에 붓꽃, 수련, 비비추, 작약, 백합, 수국, 야생화 등 20여 개의 테마 정원이 조성되어 있어요. 종횡으로 뻗은 자갈길, 계단길 가에는 띄엄띄엄 놓인 조각 작품들이 수천 종의 꽃과 나무들과 어울려 있네요. 발길 닿는 데마다 작은 풀꽃들의 애잔한 미소가 내 눈길만 멎게 하는 게 아니라 가슴마저 멎게 만드오. 비를 맞고 있는 수련의 수줍은 분홍 꽃망울은 내 가슴을 기쁨으로 두근거리게 하오. 당신이 좋아하는 뻐꾸기 울음소리 들리는가 했더니 돌돌돌 냇물 소리도 들려오네요.

조금 높은 곳의 팔각정에 올라 왔어요. 눈을 드니 식물원을 에워싸고 있는 작고 다정한 산봉우리마다 안개가 흐르네요. 지금 당신과 함께라면 좋으련만.

산 중턱의 방갈로에서 혼자 밤을 보내오. 빗줄기가 굵어지면서 방갈로 지붕이 낮은 드럼 소리를 내기 시작하네요. 배낭을 베고 누워 그 소리에 나를 내맡기고 있소. 그 옛날 대전 감옥에서 듣던 그 소리가 귓전에 되살아 오르오. 소나기 내리는 여름밤, 일제강점기에 지은 붉은 벽돌건물들은 초대형 드럼으로 변신하곤 했지요. 양철 지붕에 덮인 건물들은 밤새도록 퍼붓는 굵고 사나운 빗줄기에 신들린 듯 반응했어요. 그것은 북소리만으로 이뤄진 경이롭고 웅혼한 교향악이었어요. 온 천지는 드럼 소리와 홈통을 타고 흘러넘치는 물소리에 침잠해 숨을 죽이고 있는 듯 했어요. 방 식구들이 모두 고단한 잠에 떨어진 시간, 나 혼자 만의 밤은 황홀했어요.

감옥살이의 회상은 또 다른 회상과 맞물리네요. 1979년이었지요. 박정희 대통령 시해 사건이 있기 얼마 전, 당신은 크리스찬 아카데미 사건에 연루되어 투옥되었고 1심이 끝난 후 광주교도소로 이송

되었지요. 상부의 지시에 따라 교도소 당국은 당신의 투옥사실을 나에게 비밀로 했어요. 일체 가족과의 접촉이 끊긴 채, 당신의 생사를 몰라 참으로 많이 괴로워했었지요. 가슴이 까맣게 타들어가는 그런 고통의 시간이 50여 일이나 계속된 어느 날, 나를 동정한 어느 마음씨 고운 교도관의 귀띔으로 당신이 투옥된 사실을 알았지요.

"명숙이 살아있다, 만세!"

내 생애에 가장 큰 슬픔도 가장 큰 기쁨도 당신으로 인한 것이었어요. 당신이 광주교도소에 수감되어 있는 동안 광주 민중항쟁이 일어났지요. 그 시절, 나는 광주를 내 품안에 간직하고 살았어요. 이따금, 인쇄공장에서 밤늦게 잔업殘業을 하고 운동장을 가로질러 입방入房할 때, 고개를 들어 우러러본 밤하늘은 은하수로 수놓아져 있었어요. 흐르는 은하수가 내게 은밀한 메시지를 전해주곤 했습니다. "역사의 대하大河는 교도소를 피해 에돌지 않고, 이 은하수처럼, 그대들이 사는 거룩한 땅을 관통해 흐르나니." 그래서 나는, 명숙이 살아있을 뿐만 아니라, 대전과 광주를 관통하는 역사의 대하, 역사의 맥으로 튼튼히 연결되어 있음을 알게 되었지요. 그 앎이 곧 나의 행복이었어요.

그리하여, 13년 반 동안 당신과 나 사이를 이어준 편지들은, '검열필' 도장이 편지 한복판을 찍어 누른 데서 보듯 우리들의 언어와 감성이 심히 제약당했음에도 불구하고, 세상이 모르는 숨은 기쁨과 가슴 저미는 보석 같은 이야기들로 가득하였지요.

아뿔싸! 그때로부터 숱한 세월이 흘러갔어요. 당신과 내가 한 지붕 밑에 사는 일은 평범한 일상이 되어버리고, 우리들의 편지는, 묵은 라면박스 속에 깊이 잠든 채, 그 존재마저 가뭇 잊혀져가고 있었습니다.

이번에 출판사에서 그 편지들을 정리해 책으로 묶으면서 우리 두 사람 사이의 가장 최근 편지를 요구하였지요. 오늘 내가 '고운식물원' 방갈로에 와 엎드려 이 편지를 쓰게 된 연유라오.

내가 깜빡 졸았나 보오. 밤 11시쯤 되었네요. 방갈로 지붕이 조용한 걸 보니 그 사이 비가 그쳤나 봐요. 멀리서 개구리 울음소리 들리네요. 이제 잠을 푹 자둬야겠어요. 내일은 일찍 일어나 고운식물원의 꽃들과 아침인사를 나누고 싶어요.

당신도 잘 자오. 요즘 당신이 일하는 모습을 보며 어디서 저런 초인적 힘이 나올까 놀라고 있어요. 언제나 하는 말이지만, 건강 잘 돌보시고, 마음을 비우고 오직 최선을 다하시오. 盡人事待天命!

2007년 7월 24일
청양, 고운식물원에서
당신의 준

당신이 있어주어서 고맙습니다

길이가 군대에 있는 동안 우리는 머리를 맞대고 길에게 보내는 편지를 함께 썼었지요. 그 편지를 매개로 나는 당신과 대화를 하고 있었고요. 길이 제대한 후로는 편지와 다시 멀어지고 말았는데, 오늘 이렇게 당신께 편지를 쓰게 되었네요.

먼저, 당신에게 내가 많이 고마워한다는 걸 말하고 싶어요. 행여 내 아침잠을 축낼까 봐 발끝으로 조심조심 움직이는 당신의 기척을 아침마다 꿈결인 듯 느끼고 산답니다. 당신이 차려주시는 아침상과 꼭 챙겨주시는 점심도시락이 내 건강의 담보입니다.

오늘 아침에도 당신 기척에 눈을 떴습니다. 내 방문 앞에 놓인 쟁반엔 나붓나붓 썬 생마 조각이 가지런히 담겨있었습니다. 한 조각 또 한 조각 당신의 따뜻한 마음을 받아먹으며 생기를 얻어 힘찬 하루를 시작합니다.

밤늦게 지쳐서 돌아온 나를 채근해 동네 산책로 걷기를 시켜주는 당신. 함께 걸으며 세상 돌아가는 얘기를 나누는 가운데 내 머리가 정리되곤 합니다.

사회와 나라의 일에 내 한 몸을 내놓고 살아오는 동안 나는 알게 되었습니다. 가장 힘들 때 내게 버팀목이 되어주는 것은 당신이라는 것을. 그리고 가족이 나에게 가장 큰 힘이라는 것을. 당신이 계셔주셔서 고맙습니다. 다만 거기 있는 것만으로 가족은 나에게 튼튼한 요새要塞입니다.

어떤 큰 일보다 건강이 최우선이라는 당신의 말씀, 명심하겠습니다. 내 건강 챙겨주시는 만큼 부디 당신 자신의 건강도 살펴주세요.

이런, 벌써 새벽 1시가 되었네요. 더 이상 쓸 시간이 없군요. 내일 해야 할 일들이 많아 오늘 잠을 자둬야 하니까요. 참 오랜만의 편지인데 미안합니다. 당신, 이해해 주실 줄 알고 편안히 꿈나라에 듭니다.

2007년 7월 25일
당신의 아내 명숙